身Body・息Breath・心Mindを調え、
戦わずして勝つ!

空手と太極拳で
マインドフルネス

筑波大学准教授・武道家
湯川進太郎

JN174283

BAB JAPAN

はじめに —— 太極拳との出会い

◉空手に出会う

私は空手家です。

筑波大学の大学院に進学して1年ほど経った24歳の頃、思い立って最初に入門したところは、かの「サバキ」で有名な芦原会館系のフルコンタクトカラテの道場でした。

芦原カラテは非常に「実戦性」の高い武術です。しかし生来、体育会的運動部的な根性のかけらさえも持ち合わせていない私は、フルコンタクトの組手稽古のハードさに耐えられず、一方で、「武道」というものに対して心の奥底でおぼろげに抱いていたイメージと芦原カラテの「実戦性」とがどうも相容れず、自然と道場から足が遠のきました。

こうして、武術・武道から縁遠い生活にまた戻るのかと思っていましたが、武術・武道への憧れは消え去ることはありませんでした。

気がついたら、心の中でぼんやりと抱いているイメージに合致した、私にとっての本当の「武道」探しの旅を始めていました。その道中、例えば、制定24式太極拳、居合道（全剣連居合・夢想神伝流）、松濤館流空手、剛柔流空手、上地流空手、沖縄古武術、と節操なくさまよい歩きました。

冷やかしよろしく見学・体験するだけだったり、入門しても続かずやがていなくなったりと、多くの先生方にご迷惑をお掛けしつつ、色々な道場にお邪魔してきました。

個人的なライフイベントも重なる中でやがて運命的に辿り着いたのが、糸東流正修館柏道場の小林真一先生（糸東流師範八段）です。これはまさに武運・武縁としか言いようがありません。小林先生は、私より少し年上で、大学で空手を始めたのでかつては競技をしていましたが、私と出会った頃にはすでに競技にほとんど興味感心がありませんでした。そして、当時はご存命であった糸東流第二代宗家である摩文仁《まぶに》賢榮《けんえい》先生の本来の武道空手を追求したい、ということをはっきりと表明していました。

その具体的なイメージは、『武道空手への招

糸東流第二代宗家・摩文仁賢榮先生（左）とともに。

糸東流正修館柏道場・小林真一先生（左）との稽古で身体感覚を磨く。

待』（摩文仁賢榮著・横山雅彦編、三交社）にありました。小林先生の求める空手、すなわち、摩文仁賢榮宗家の武道空手、これこそが、私が抱いていた「武道」としての空手のイメージそのものでした。

小林先生の下で稽古をする中、正修館館長・西田稔先生（糸東流師範八段）、横山雅彦先生（糸東流師範八段）、そして第二代宗家・摩文仁賢榮先生にもお会いすることができました。そうした現代の沖縄武士のような先生方の空手に触れることで、数多くの貴重な経験をさせていただきました。こうして醸成された空手への思いは、拙著『空手と禅』（ＢＡＢジャパン）に込めましたので、興味関心のある方は、ぜひご一読ください。

◉太極拳と出会う

こうして『空手と禅』としてそれまでの考えを一つのかたちにまとめた頃、これと機を一にして、次なる武運・武縁に恵まれることになりました。それはまるで、会うべくして会うよう、あらゆる縁が見事に織り込まれるかのような運命的な出会いでもありました。「弟子に準備ができたとき、師は自然に現れる」というのは中国の古いことわざのようですが、まさに、その言葉通り（都合の良い事後的な解釈ではありますが）、新たな出会いに対して、何か次の段階へと私を導いてくれる、大いなるタオ（宇宙の原理原則）の力のようなものを感じました。

それは、ハワイ州ホノルルの太極拳家、スティーブ・ヤングです。サバティカル（研究のための長期休暇）でホノルルに5カ月弱滞在することになった私は、住んでいたコンドミニアムの隣にあったコミュニティセンター（いわゆる公民館）で開講していた太極拳（Tai Chi）のクラスに行くことにしました。そこで教えていたのが、スティーブだったのです。

なぜホノルルに長期滞在することになったのかというと、シャミナード大学（Chaminade University of Honolulu）の心理学教授であるロバート・サンティのところで、気功とストレスマネジメントを学びに行くのがそもそもの目的でした。その成果は、『タオ・ストレス低減法』（ロバート・サンティ著、湯川進太郎訳、北大路書房）としてかたちになっています。中国武術家（内家拳・気功）でもあるロバートは、道教の教えと気功の実践をストレスマネジメントやカウンセリングに活かすという心身統合的なアプローチをしている、おそらく、世界で唯一の人物です。

ハワイは、洋の東西が融合しあう特異な場所です。アジアからの東洋文化とアメリカからの西洋文化が、ポリネシア文化の上で、見事に調和して混ざり合っています。そういう特異な土地柄で生まれ育ったロバートであるからこそ、中国の思想（道教）や技術（気功）といった東洋の智慧を、ストレスマネジメントやカウンセリングといった西洋の知識や技法と、ごく自然に織り交ぜることができたのだと思います。

ただ、実践的には、ロバートからは気功を習う機会しかありませんでした。『タオ・ストレス低減法』に出てくる気功を、一つ一つ教えていただきましたが、限られた時間の中での稽古でした。そこで私は、「せっかくホノルルまで来たのだから、24式のような短い太極拳の套路《とうろ》でも覚えて帰ろう」といったごく軽い気持ちで、コミュニティセンターの太極拳クラスに顔を出したわけです。

クラススケジュールを見ると「Tai Chi with Steve」(スティーブの太極拳)とあります。言い方は悪いですが、こういう普通の地元の公民館でやっている太極拳教室で、しかも1回7ドルで(コミュニティセンターの会員になれば4ドル)、スティーブといういかにもアメリカ人的な名前の指導者だから、きっと万人に通用する、万国共通の制定の24式だろうと、勝手に思い込んでいました。昔、制定の24式をカルチャーセンターで習ったこともありますし、なにかしら空手の役には立つだろうし、とにかく、せっかくだから習って帰ろうと思いました。

クラスの場所は、体育館(講堂)です。ご存じの通りホノルルは暑いので、ドアはすべて全開です。しかし、講堂内は日陰になりますから、日差しさえ直接浴びなければ、湿度が低いので快適であり、ときどき外からは爽やかな風が吹き込んできます。クラスの参加者は、地元のおじいちゃんおばあちゃんや、私より年配のおじさんおばさん。ヨーロッパ系の人、アジア系の人、ヒスパニック系の人、いろいろです。

そこに、白髪の交じる髪を短く刈り込んだ、一人の小さな中国系の男性が、目尻を下げてニコニコしながら入ってきました。それがスティーブでした。スティーブと書いてあるから、先入観から、勝手にヨーロッパ系のマッチョな男性を思い描いていました。

そういう、ヨーロッパ系のマッチョな男が教える太極拳だから、きっとガチガチのスポーティな（体育的な）制定24式だろうと、そう思い込んでいたわけです。足をできるだけ広げ、腰をできるだけ深く下げ、脚をできるだけ高く上げるような、そんな体育的な、あるいは競技的な、あるいは教科書的な24式だろうと。実際、私がかつて少し習ったことのあるカルチャーセンターの24式クラスでも、女性の先生が、そんな体育的な24式を受講生（年配のおじさんおばさん）に課していました。

しかし、やってきたスティーブは、小柄な中国系アメリカ人でした。この時点でまず、私の予想は大きく外れました。そして、実際に始まった太極拳は、さらに私の予想を大きく外すものでした。昔習った制定の24式とは全然違ったのです。まず、端的に、足幅は狭い、腰は高い、脚もほとんど上げない。それでいて全体に柔らかく、途切れなくつながっていく。かたちよりも呼吸を大切にする。套路を進めながら、「吸って（inhale）、吐いて（exhale）」「柔らかく（Softly）、優しく（Gently）、リラックスして（Relax）」と、言葉をつむいでいく。

「私のタイチー（Tai Chi、太極拳）は、いわゆる、スタンダードなタイチーではありません。

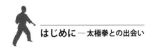

クラシカルな楊式のタイチーです」と稽古の後にさっそく教えてくれました。私が40歳そこそこの、言ってみれば、（太極拳教室ではどこの国でも）比較的「若い」男性という新参者であり、しかも日本人ということで、気にかけてくれたようです。加えて、ズボンは空手の道着であり、裸足で参加しているものだから、もしかしたらアメリカ人からすれば少し奇異に見えたのかもしれません（ただ、ホノルルはサンダル履きの人が多いので、裸足になることにそれほど違和感はありませんが、スティーブを始めとして、皆さんは全員靴を履いたまま稽古していました）。

のちのち少しずつ分かったことですが、スティーブの太極拳は、『On Tai Chi Chuan』（Azalea Press）という著書のあるP・Y・パン先生という達人から学んだものでした。このパン先生は、楊式の85式を編んだ楊澄甫の弟子である董英傑の弟子だったのです。つまり、制定の標準的な太極拳とは路線の異なる、非常に伝統的な、いわば古流の太極拳だったのです。

スティーブの教えの多くは、パン先生の教えそのままです。それは、パン先生の著書やDVD

ホノルルのスティーブ・ヤング先生（左）は、楊澄甫〜董英傑〜P.Y.パンと受け継がれてきた伝統的な太極拳を真摯に伝えている。

を見ると分かります。スティーブは、パン先生の太極拳をこよなく愛し、ひたすら稽古し、そこへ近づこうと、日々、研究しています。武術家は、まずは師へいかに近づくかが肝要です。安易に自己流に流れる人がいますが、それは守破離を取り違えています。私の空手の師である小林先生も、その師である西田先生とその師である摩文仁賢榮先生に近づくことを、ひたすら求めて稽古しています。スティーブと小林先生の、武術に対する考えや姿勢に、非常に近いものを感じました。

パン先生が2015年の夏に、賢榮先生が同年の暮れに他界しました。自分自身とほんの少し関わりのある、古の術を正統に伝える二人の達人が、奇しくも同じ年に、この世を去りました。何かを暗示しているかのようで、しかし、それは単なる偶然だということも分かっていますが、ちょうど今が、時代的に大きな一つの区切りであるかのように感じています。

◉空手と太極拳に通じるマインドフルネス

本書は、こうして『空手と禅』に続く、私の武術家・武道家としての旅を綴ったものです。旅に終わりはありませんから、とりあえずは、今、辿り着いたところまでをまとめました。

『空手と禅』では、マインドフルネス（mindfulness）がキーワードでしたが、本書のキーワードもまたマインドフルネスであることに変わりはありません。マインドフルネスは私の武の旅の方位磁石であり、地図でもあります。そして今回は、空手家としての旅の続きでもありつつ、そこに太極拳家としての味も加えたものとなります。

もちろん、太極拳家としては稽古の年月も浅く、したがって技術的には素人同然であり、その意味で、数多くの達人・名人諸氏の先生方、あるいは、長年太極拳に取り組んでおられる諸先輩方の足下にも及ばないことは重々、承知しています。

その上で、私が語りうることは何かといえば、それは、空手稽古で培った身体感覚と、スティーブの下で習った太極拳の身体感覚への気づき（アウェアネス、awareness）を、マインドフルネスという観点から解きほぐし、なるべく分かりやすく、いろいろな角度から、読者の皆さんに伝えることです。そうすることで、空手や太極拳といった「武術」をいかに稽古するのが「武道」としての本質であるかを、私なりに解釈しながら、同時に皆さんと考えていきたい、ということです。

◉武術を通したマインドフルネス

虹の国ハワイは今、ヨーガの聖地になりつつあります。海と山という自然に囲まれながら、暖

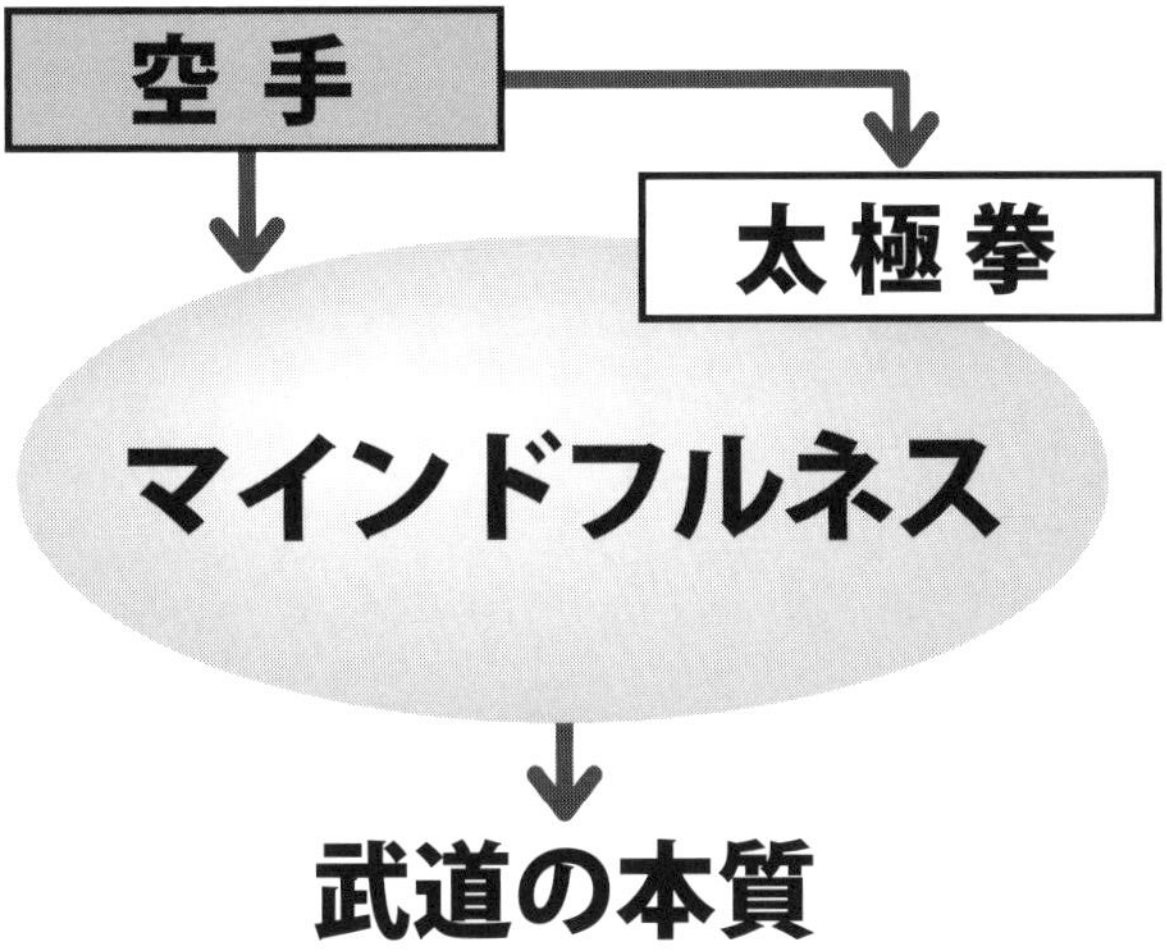

空手をマインドフルネスとして稽古すると、武道の本質に到達しやすい。そもそも太極拳はマインドフルネス的な武術であるため、そのための有効な手がかりとなる！

かく穏やかな気候の中で、自然と一になるヨーガは、心身の調整にとって非常に有効なのでしょう。そこには、マインドフルネスがあります。

同じように、タイチー（太極拳）にも、マインドフルネスがあります。そのことを、虹の国の太極拳家に教えていただきました。ただ、これは、シャミナード大学のロバートから授かった教えや彼の著書の翻訳を通して得た知識が背景にあったからこそ、見えてきた姿であることも事実です。つまり、ホノルルという特異な場所を通じて出会ったロバートとスティーブという二人の師が、私を今の心境に導いてくれたと、確信しています。

本書によって、武術を通してマインドフルネスへと至る道こそが「武道」であるという考えが、読者の皆さまに少しでも伝わればいいなと思っています。つまり、競技（組手や形《かた》の試合）に参加したり、そうした試合で勝ち負けにこだわったり、また、表演（演武）で華麗に見せようとしたりといったことを目指すのとはまた違った別の方向性、すなわち、「行《ぎょう》としての武道」「禅としての武道」「マインドフルネス瞑想としての武道」という方向性を、お示しできればと思っています。

競技や表演は、年とともに、若い頃とは同じようにできなくなります。もちろん、年相応の競技や表演をすれば良い、という考えもあります。ただ、強さや美しさという点にこだわればこだわるほど、加齢とともにその評価は下がっていきます。つまり、稽古がだんだんと続けにくくなっていきます。

一方で、行であり禅でありマインドフルネス瞑想であるならば、いつまでも続けることができますし、年齢を重ね、稽古を重ねるほど、その練度がますます上がって（深まって）いきます。行に終わりはありません。生きることがすなわち行です。つまり、稽古を一生、ある意味死ぬまでずっと、続けることができます。これこそ本当の意味での生涯学習・生涯武道だと思います。

本書を手に取っていただいた皆さまに心から感謝の意を表します。皆さまの人生の一粒の糧になることを願っています。

著者　湯川進太郎

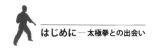

Contents

はじめに──太極拳との出会い 2

第1部 大人の空手

第1章◎年を取るとともに変わる稽古の質 17
第2章◎強さや勝ちにこだわる無意味さ 29
第3章◎技法あるいは身体の妙を探る武の旅 39
第4章◎武術は漢方薬 49
第5章◎マインドフルネス瞑想としての武術 61
第6章◎なぜ武術なのか？ 83

第2部 感じる空手

第7章◎剛と柔の流転 93
第8章◎ゆっくり動く 113

第3部 人との空手

第4部 基本エクササイズと武術瞑想

第9章◎尾骨・腰・腹そして丹田 123
第10章◎根と芯 137
第11章◎音楽と鏡 147
第12章◎身体の連動性と全一性 167
第13章◎気を感じて使う 175
第14章◎柔らかく生きる 189
第15章◎シンプルな形は究極の形 207
第16章◎マインドフル・エクササイズ 217
第17章◎武術瞑想のやり方 227
おわりに――形から離れる 253

第1部　大人の空手

第1章

年を取るとともに変わる稽古の質

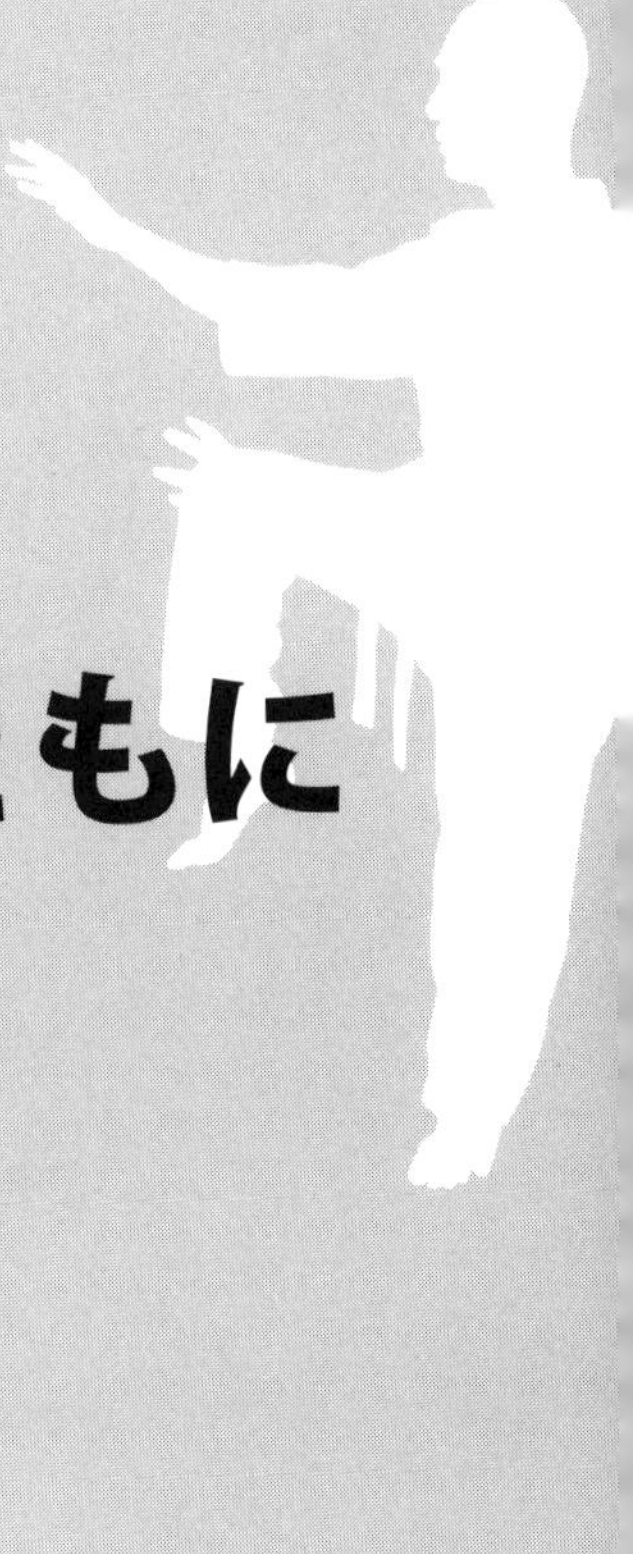

◉40歳という年齢

40歳を超えて今年で早5年、アラフォーと自称できたのもついこの前までで、もはや四捨五入すればアラフィフと呼べる年齢になりました。ちょうど40歳を超えた頃につくづく思ったのは、どうも30代と比べて身体の仕様がガラリと変わったような気がする、ということでした。具体的には、身体のあちこちが痛いとか、どうも疲れるといった自覚です。

それはおそらく、30代の頃と同じようなつもりで生活をしていると、色々なところに無理が出てくる証拠なのだと思います。端的に言ってしまえば老化（加齢による変化）なのですが、20代から30代への変化よりも、30代から40代への変化、つまり、40歳を境とした変化が大きいように感じています。

いわゆる厄年、というのがあります。男性の場合、「大厄」というのが42歳（数え年）だそうです。この大厄の年には、病気や怪我などの災難に遭う可能性が高いから十分注意しましょう、という年です。信仰上の理屈は色々とあるのでしょうけれど、要は、男性の場合、特にこの年齢で身体の仕様が変わるから病気には注意せよということではないかと、つくづくそう思います。一方で、社会的な役割からストレスを抱えることも多くなる年齢だという、現代的な理由も重なっていることでしょう。

◉年齢に伴う体調の変化

女性の場合、閉経に伴う更年期障害、ということがよく言われます。個人差はありますが、概ね50歳前後に生じるもののようです。一般的には、こうした女性の更年期障害の方が重いとされているので注目されがちです。しかし、もちろん男性にだって更年期障害はあります。

男性の更年期障害のメカニズムは、加齢とストレスによる男性ホルモン（テストステロン）の低下のようです。症状としては、疲労、不眠、うつなど。私の場合、実際のところ更年期障害なのかどうか定かではありませんが、この、身体の仕様が変わったという自覚は、こうした内分泌系の変化も原因の一つなのではないかと推測しています。

ただ、40歳あるいは大厄の42歳という年齢を区切りに、一瞬にして変化するわけではありません。その変化の質や変化の速度も、人によってまちまちでしょうし、そもそも変化しない人や変化を体感しない人もいるでしょう。ですから、こういう身体の仕様の変化の自覚を一般化することはできないと思います。

しかし、おそらく世の中の多くの男性が、この「アラフォー」という時期に、「以前と違うぞ」といった、何かしらの違和感を抱いているのではないでしょうか。私の場合、身体全体の感覚の変化もそうですが、分かりやすいところでは、いわゆる老眼（老視）がぐっと進みました。

◉大人の身体へ

昨今ではすっかり、人生80年といわれるようになりました。となれば、40歳というのはちょうどその中間点、折り返し地点です。40歳というのは、人生の後半戦に入っていく、ちょうど入口にいます。となれば、人生後半戦用の身体を手に入れていく必要があるのではないでしょうか。言い換えれば、後半戦用の仕様に身体を調えていく、後半戦に見合った身体操作を身につけていく必要があるのではないでしょうか。仮にあなたが現在50代60代であっても遅くはありません。今からでも、後半戦用の仕様に身体を積極的に調整していく必要があるのではないでしょうか。

つまり、40歳を超えたら、私たちは「大人の身体」を練っていく必要がある、ということです。いつまでも「青年（若者）の身体」だと思ってはいけません。最近はアンチエイジングということが盛んにいわれますが、なぜエイジングすることに逆らう（アンチする）のでしょうか。アンチエイジングは、「青年の身体」を求めているのだとしたら、それは非常に不自然です。私たちが年を取るのは、極めて自然なことであり、加齢とともに身体の仕様が変わるのもまた自然なことです。

ですから、むしろ、加齢とともにそれに見合った身体を手に入れていくことの方が自然です。エイジングの流れに無理をして逆らおうとせず、その流れに身を任せ、年齢に見合った身体を調整していく。そのためには、「青年（若者）の身体」を求めるのではなく、「大人の身体」を求めていくことです。

◉大人の武術へ

そうした「大人の身体」を手に入れる具体的な方法が、本書で紹介するアプローチです。無論、空手と太極拳に関する本ですから、そのアプローチで用いるメソッドは「武術」です。つまり、本書で紹介するのは、「大人の武術」です。「青年（若者）の武術」ではありません。

「青年（若者）の武術」とは、20代や30代の体力（筋力、スピード、持久力、敏捷性など）をベースにした武術です。先程から書いていますように、40歳を境に、個人差はありますが、私たちは身体の仕様が変わります。運動競技の選手を見ても分かりますように、人間の体力のピークは概ね20代から30代です。つまり、体力は、40歳前後で曲がり角を迎え、徐々に落ちていくということです。そんな中、いつまでも、体力をベースに構成されている術を求めることは困難です。

また、青年（若者）は、他者との差異や他者からの評価が非常に気になります。ですので、どうしても勝ち負けにこだわります。それは間違ったことではなく、社会的な動物である人間として、きわめて自然なことです。私が私であるという独自性やアイデンティティを構築することが青年（若者）の求める達成課題であり、自己の存在や価値を他者から認められることが青年（若者）の最大の目標です。

しかし、40歳を超えて、そうした体力に基づいた勝ち負けというところに価値を求めてしまうと、当然、年齢とともに稽古は厳しくなっていきます。そして、どれだけ稽古をしても体力のある青年（若者）に比べたら、つまり、「青年（若者）の武術」の優劣というモノサシで測ったら、常に劣った自分がそこにいることを自覚せずにいられません。そんなことに何の価値があるのでしょうか。

稽古をしていて、稽古を続ければ続けるほど辛くなっていく、劣っていく、という流れの中で稽古をすることほど、不愉快なものはありません。それでは稽古をする意味や価値や喜びがありません。そんな稽古はいずれ続かなくなるでしょう。やはり、稽古をしていて、毎日少しでも練度が上がっていく、そういう武術の稽古を、私たちはしたいものです。しかし、40歳を超えた者にとって、いつまでも「青年（若者）の武術」を求めているようだと、そういうわけにはいきません。やがて嫌気が差して、武術の世界から離れていってしまいます。

◉大人の生活へ

それに、20代30代の頃と同じ身体仕様のつもりで稽古していれば、当然、あちこち身体は痛めるし、疲れます。それは稽古ばかりでなく、生活そのものも同じです。だからこそ、40歳を超えたら、私たちは「大人の稽古」「大人の生活」をしていく必要がある、ということです。

例えば、私は42歳の夏に、生まれて初めてギックリ腰をしました。まさか自分がギックリ腰になろうとは、夢にも思いませんでした。やや重い荷物を、腰をかがめずに横着して持ち上げようとしたら、何やら今までに経験したことのない違和感を腰の辺りに覚えました。経験したことがないので、この違和感が果たしてどの程度の症状なのか、その時点では頭で理解できなかったのですが、感覚的にまずいと思ったのか、思わず「これはやばいかもしれない」と声に出していました。すると徐々に動かなくなり、数時間もしたら痛みで全く動けなくなりました。結果、ほぼ違和感が消えるまで、３カ月はゆうにかかりました。

その後もずっと、今でも、わずかに不安を抱えています。昔から腰が悪い、ギックリ腰なんてしょっちゅうだ、という人からすれば大した怪我ではなかったかもしれませんが、これは、これまでと同じ若いつもりで動いてはいけないな、という私に対する身体からの警告だと思いました。

◉価値の転換と成熟

ですから、武術の稽古も当然、変わっていくものです。稽古の内容は、年齢とともに変わっていくのです。加齢（エイジング）の流れに沿って、稽古の質を意識的に変えていく必要があるのです。いつまでも、「青年（若者）の武術」の稽古をするのではなく、40歳を超えたら「大人の武術」の稽古をしていくべきです。そうでなければ身体を壊しますし、稽古もいつまでも続きません。

そもそも、冷静に考えて、40代、50代、60代、70代になっても、20代や30代と同じものを求めていくのは、なんだかとても奇妙に思えませんか。私は、そういう若さに高い価値を置く考え方は、根本的に間違っている気がします。青年（若者）は青年（若者）なりの、大人は大人なりの価値がある、とするのが自然な考え方です。無理をして、青年（若者）の基準・モノサシに合わせる必要はありません。なぜなら、私たちの身体は年齢とともに変わっていくのですから。

そうして変わっていく技の内容や質は、一つの技術的な成熟であり、武術という伝統文化に対する思想的な成熟であるともいえます。そしてそれは、加齢に伴う身体的な仕様の変化に柔軟に対応した、心身の変化でもあるでしょう。

合気道の植芝盛平翁の技は、若い頃は荒々しかったものの、晩年は徐々に柔らかくなった、というようなことがしばしばいわれます。したがって、いつの頃の植芝翁に習ったかによって、弟子ごとに技が違うわけです。こうした変容は、純粋に技術的な成熟である一方、その成熟は植芝翁の心身の変化と相まって生じたものに違いありません。

◉大人の稽古とは

いつまでも「青年(若者)の武術」を求めること、それ自体は間違ったことではありません。ただ、もし仮にそれに違和感を抱きつつ稽古を続けている人、あるいは、違和感ゆえに武術から離れてしまった人がいるとすれば、とてももったいない気がします。

競技中心の「青年（若者）の武術」を志向している道場にいる限り、その価値観から一人逃れることは難しいかとは思います。可能であれば、本書でお示しするような「大人の武術」を志向している道場を探して、そこに入門して稽古できると良いですが、それが難しければ、せめて道場は辞めずに、自分の中のモノサシを頼りに、どうか稽古を続けてください。

「大人の武術」は、他者と比較したり他者の評価を気にしたりしません。私が私として、年齢に合った術を練る。そして、年齢に合った身体を調整する。年齢に合った身体操作を獲得する。それこそが「大人の武術」の稽古です。

◉あるがままの空手、あるがままの太極拳

私の太極拳の師であるスティーブが、以前、「タイチーに上手い下手はない。今その人がその人なりの身体感覚で動いたそれがその人のタイチーだ」というようなことを言っていました。「大人の武術」の稽古とは、そういうことです。本書では詳しくそのことを、順を追いながら、また、いろいろな角度から述べていきますが、要するに、言いたいことはそういうことです。

これは、道元の坐禅、すなわち、道元禅（曹洞禅）にも通じます。道元は、坐れば即仏、坐ることがそのまま仏である、というようなことを言っています。つまり、坐るのに善し悪しや上手下手はない、ということです。坐ることに一切身を投じる、坐ることになりきることが坐禅です。太極拳も同じです。無論、空手も同じです。動きそのものになりきれば、それはもうその人の最高の太極拳、最高の空手なのです。

またあるときには、スティーブはこうも言っていました。「タイチーは、上手くやろうとしてはいけない。上手くやろうとすると、身体が強ばり、結果的に上手くできない」と。つまり、上手くなろう（太極拳らしく柔らかく動こう）とすればするほど、ますます上手くできなくなる（硬くなる）、ということです。

もちろん、術を少しずつでも上達させようという向上心は必要です。ただ、過剰に頑張って無

理をしたり、他者を気にして恰好をつけて上手く見せようとしたりしてはいけない、ということです。そうすると結果的に上手くできなかったときに、不甲斐ない気分や恥ずかしい気分になります。そういう感情は、稽古へのモチベーションを下げます。それでは意味がありません。

ですから、あまり上手くなろうと思いすぎないことが大切です。他人と比べたり、他人の目を気にしたりしないことが大切です。できる範囲で向上心を持ちつつ、自分の今現在の空手を、今現在の太極拳を、それになりきってひたすら練ることが、今ここであなたをあなたにとっての最高の空手家・太極拳家にする、ということです。

第1部　大人の空手

第2章

強さや勝ちにこだわる無意味さ

◉強さや勝ちへのこだわり

先にお話ししたように、青年（若者）が他者との優劣や他者からの評価にこだわるのは、人間の発達としてとても自然なことです。自分が他者から肯定的に評価されることを求めることは、年齢に関わらず自然なことですが、特に青年（若者）の場合、自分の方が他者よりも優れていることを証明したいと思う気持ちは強いでしょう。

それは、進化論（進化心理学）的に説明されます。すなわち、現代社会の文化的な影響も加味して、ちょうど20代から30代までが私たち人間の婚期（結婚適齢期、生殖適齢期）だとすると、その時期に配偶者を獲得する競争が生じます。私たち人間もまた生物ですので、いかに自身の遺伝子を後世に残すかが大切な生物的目標です。そのことを自覚するかしないかは別として、私たちは配偶者を獲得するために、異性に対して自分が魅力的であることをアピールします。

そうした生物的欲求のようなものが、他者よりも自分の方が優れていることを証明したいと思う気持ちの背景にあります。私たちにはそうした欲求あるいは動機が、進化的に備わっているということです。

◉他者との比較

しかし、それはそうとして、人はつい、誰それが強いとか弱いとか、勝ったとか負けたとか、上手いとか下手だとか、何々が最強だとか、何々流や何々拳は効くとか効かないとか、比較し優劣をつけたがります。そういった優劣は、いろいろな条件が重なりますから、一概に決められないことは少し考えれば明らかなのに、私たちはどうしても白黒をつけようとします。

何かを練習したら、それを試したいという気持ちは分かります。例えば、テニスや卓球の練習をしたら、テニスや卓球の試合に出て実力を試したいと思うのは理解できます。仮にそれが武術だとしたらどうでしょう。

例えば空手を習ったら、それをどこかで誰かに試したいと思う気持ちが生まれるのは、自然なことだと思います。昔の沖縄のカキダミシよろしくストリートファイトで試したら、

青年（若者）の武術	大人の武術
・体力（筋力、スピード、持久力等）が重要 ・勝負に勝つ力（相対的） ・荒々しさ、パワフルさが現れる（動的、外的） ・アイデンティティ構築 ・うまさ、見栄えを求める	・柔らかさ（リラックス）が大切 ・生きのびる力（絶対的） ・マインドフルネス、身体感覚への気づき（アウェアネス）（静的、内的） ・身、息、心を調える ・動きそのものになりきる

それはよろしくありません。そこで、健全な試行の場として提供されているのが、競技としての空手の試合です。まさに、「試し合い」の場です。

ですが結局のところ、試して強さを実感したからといって、何か意味があるのでしょうか。そのときは少し気分が良いかもしれませんが、「だから何だ」「だからどうなんだ」と我に返って考えてみて、果たして何かしら絶対的な意味が見いだせるのでしょうか。

世の中のあらゆる物事について、究極的には、絶対的本質的に意味のあることなど一切ありません。宇宙的規模で考えてみれば、直径約10万光年といわれる銀河系にある2千億個の恒星の一つである太陽の周りを回る地球の存在そのものにそもそも意味がないのですから、ましてやそこに住む一人の人間の一生に意味などあるはずがありません。ですので、生きることの意味など無理をして見出そうとしなくても良いですし、むしろしない方が良いのですが（探したところでどこにもありませんので）、そう考えますと、強さを試すというのはどうにも些細なことであって、結局、どうでも良い気がしてきます。

◉エンターテインメントとしての勝ち負け

もちろん、エンターテインメントとしては、強いとか弱いとかは、面白い物語です。魅力的なコンテンツです。映画だってマンガだってプロレスだって、面白いです。ボクシングやキックや総合（ＭＭＡ）などの格闘技も、見ていて非常に面白いです。

映画やマンガやプロレスは勝ち負けのストーリーのあるエンターテインメントですが、格闘技の試合を見ていますと、だいたい強い人は強いものの、いつかは負けます。負け知らずのまま引退する、ということもありますが、強いといわれた人もいつかは負けることがある、ということです。あるいは、調整ミスや体調不良や偶然のラッキーパンチなどでどんでん返しもあります。こうした偶然性のような要素も、エンターテインメントとしてのドラマチックさを高めているという面はあります。しかし、だからこそ強さというものは一概には決められない、ということをまた暗に示しています。

つまり、厳密に強い弱い勝った負けたを決めるというのは、実際、統制する条件があまりにも多すぎるのです。厳密に条件を整えて本当に強弱や勝負や効果を判定しようとしたら、永遠に判定することは不可能なのです。そのような曖昧な条件設定で、どうして優劣の価値判断ができるのかが、私には良く分かりません。曖昧な条件設定は、言い訳を生みます。その言い訳が、また次のリベンジ試合などを生みますから、エンターテインメントとしては物語が生まれて、面白みが増します。しかし、厳密に強弱を決することは不可能なわけですから、そうして強いとか弱いとか勝つとか負けるとかにこだわるのは、エンターテインメントつまり遊びとしては全く無意味とまでは言いませんが、真面目にそれに取り組むのは、なんだかとても虚しい作業に思えてなりません。

かつて、オランダの歴史家ヨハン・ホイジンガが、現生人類のことを「ホモ・ルーデンス」と呼びました。ホモ・ルーデンスとは、「遊ぶ人」という意味です。人間の活動の本質は遊ぶことであり、私たちは遊ぶことで文化が生まれ、生活に意味がもたらされるのだ、という考え方です。これはこれで真実です。人生に本質的な意味などありません。しかし、意味のない一生を送るのも味気ないので、人類自ら意味を作り出していく。だから人生は遊びである、ということです。

そう考えれば、遊びとして強さにこだわるのは、決して悪いことでも間違ったことでもありません。ただ、遊びだということに気がついてしまうと、それはそれで、虚しさを覚えます。例えば、映画やドラマに感情移入してワクワクドキドキしている内は良いですが、ふと、これは虚構だということにありありと気がついてしまうと、すっかり気持ちが冷めてしまうのに似ています。

◉プロとアマで異なる勝負の価値

職業的なエンターテインメントとして、プロフェッショナルとして、格闘家が強い弱いにこだわるのはよく分かります。それが商売だからです。曖昧な条件でもとにかく闘って、勝敗や強弱を決するのが、プロだからです。それを観客や視聴者が楽しむからです。もちろん、プロの選手自身も強弱というモノサシ（価値判断）上で優秀さが公に証明されたわけですから、それ自体、嬉しい気持ちになることは間違いありません。

ですが、これをアマチュアがやろうとすると、なんだか虚しく思えてきませんでしょうか。職業格闘家ではないアマチュアの選手が強弱を競い合って、一体どこに行きたいのでしょうか。

もちろんアマチュアでも、競技で目の前の相手に勝つ喜び、その場に限っては強いことが少なくともその相手に対して一時的に証明できる喜び、それ自体が快感であることは分かります。勝つということは、そのときは素直に嬉しいものです。ですが、それはそれで、喜びはいつまでも続くわけではありません。勝利の快感は時間とともに徐々に弱まっていき、やがて消えていきます。そうするとまた次の喜びを得ようとします。ついにはこれを繰り返すことになりますが、その欲求は、永遠に尽きることはありません。つまり満足するのは間欠的に訪れる一瞬一瞬であって、一瞬の満足と満足の間はずっと満足できない状況が続くわけです。こう書くと、まるでタバコやドラッグなどの依存性薬物のようです。いや、依存性という意味では、脳内のメカニズムは同じかもしれません。

競技をして常に勝てば快感は得られますが、もし試合に負けようものなら、逆に気分は悪くなります。勝つことにこだわればこだわるほど、負けることがより一層不愉快な経験になります。

武道の取り組み方による満足度のイメージ

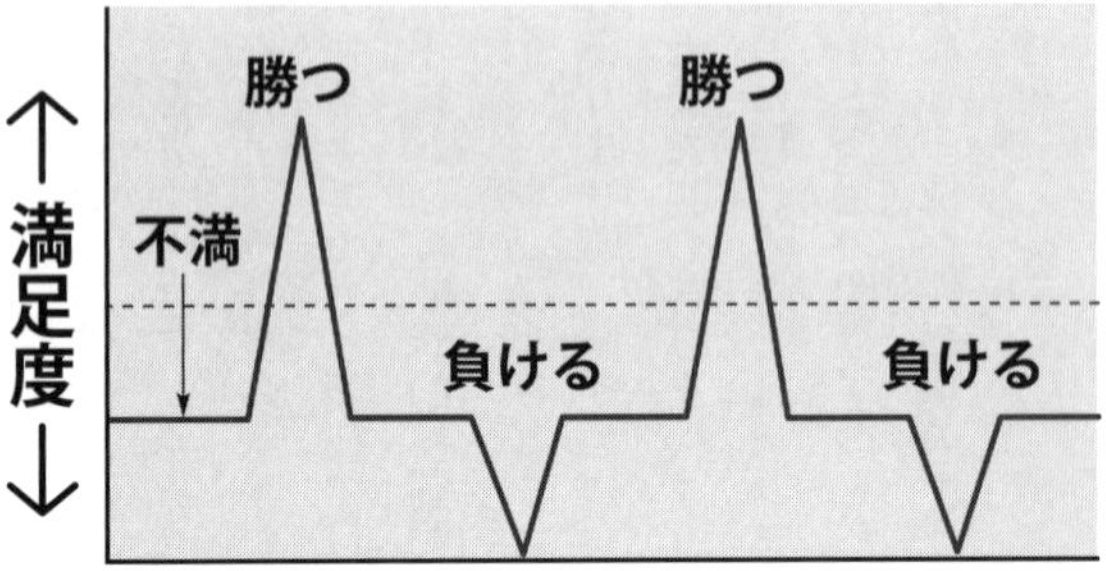

勝負を目的とした場合、勝てば一時的に高い満足感を得られるが、負けるとかなりの不満を感じる。しかも、基本的には満たされない状態が続くことになる。

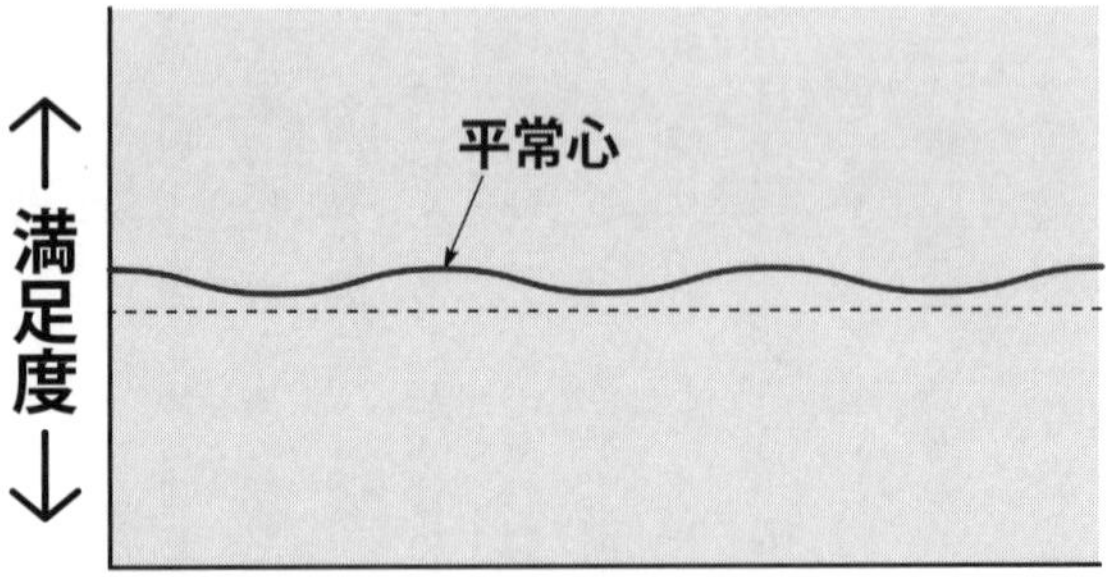

勝負を目的とせずに、マインドフルネスとして武術を行った場合は、日常において何が起きても平常心を保ちやすくなる。そして、常に心が満たされた状態をキープできる。

これは単純に、勝負や強弱にこだわる、そこに価値を置くからそういうことになるわけです。つまり、遊びという意識があってもなくても、とにかく、遊びとして作り出されたある一定の価値基準を強く信奉してそれを準拠枠としてしまうと、自分がその価値に見合わない状態になったときに、強い苦を感じてしまう、ということです。

◉強さにこだわる無意味さ

かくいう私とて、もともとはそういった強さのようなものへの憧れから空手を習い始めました。子どもの頃に観た、スクリーンに映るブルース・リーにずっと憧れて、自分もあのように華麗な術で悪者をなぎ倒したいと夢想していたことは事実です。

しかし、強弱という価値判断に依存しすぎることは、20代30代の若い頃はまだ良いですが、40歳を過ぎれば、その価値基準に合わせることが徐々に困難になってきます。つまり、いつまでも「青年（若者）の武術」にこだわることが、ふと我に返れば、非常に虚しい作業であることに気がつきます。

なぜなら、一時の強さにこだわることは、よくよく掘り下げて考えてみれば、人生において極めて些細なことであり、遊びとしての意味はあるものの、本質的には全く無意味だからです。

武術という、人間の合理的な身体操作を編み上げた技術体系そのものの巧みさや効力は、先達への深い畏敬の念と、絶えることのない興味関心とを、私たちにもたらします。そこへのこだわりは良いと思います。しかし、その術の習得度として誰それが上手いとか下手だとか、この人の方があの人よりも強いとか弱いとか、この術とあの術とではどちらが効くとか効かないとか、そういった観点で武術という文化を見ることは、非常に些末で矮小《わいしょう》な価値判断であり、結局、無意味に思えるわけです。

そうした枠組みを超えたところで稽古をするのが、「大人の稽古」です。このことについて、次章からさらに詳しく考えていきましょう。

第1部　大人の空手

第3章

技法あるいは身体の妙を探る武の旅

◉自然な動きを養う

武術とは、人間という身体の効率的合理的、あるいは、より効果的な操作方法を追求した技術体系です。それは端的に言って深く美しく精錬された体系であり、興味関心が絶えることはありません。この技術体系を味わうのが武術稽古であり、そこに散りばめられている技法の妙やそれを支える人間の身体の妙を探るのが、武の旅です。

武術の稽古では、普段、私たちが過ごしている日常生活では行わない動きを習うことが多いです。例えば、突くにしても蹴るにしても、また、運足や体捌きにしても、日常生活では使うことのない動きです。それらは、普段行わない動きであるがゆえに、一見（最初は）、無理のある不自然な動きに感じられます。しかしそれは普段行っていないがために不自然で無理があるように感じられるのであって、実際はそうではありません。

武術の動きは、自然の理に沿った動きです。別の言い方をすれば、武術の動きとは、重力のある地面の上という条件の下、骨格と筋肉からなる二足歩行の人間という動物が、いかにして効率的合理的に動くことができるかを追求した動きです。

ここでの効率性・合理性とは、「武の効率性・合理性」です。すなわち、最低限の動きと最小限の力でもって、いかにして効率的に敵を制することができるかという意味です。その意味で、武術の動きは自然の理に適った効率的合理的なものとして構成されていなければなりません。逆にいえば、そのように構成されていない（例えば、無駄の多い華美で不自然な）動きは決して武術的とはいえません。

このように、普段の日常生活で行わないから不自然なのではなく、自然な動きの範疇で、普段あまり行ってこなかった動きを稽古するのが、武術修行だと言えます。そして、それを修得することは、現代人にとって、普段の生活の中における動きをより効率的合理的にすることを意味します。つまり、武術を稽古することそのものが、日常生活の動きの質を向上させるということです。日常生活の動きの質の変化に、意識的に気がつくかどうかはまた別問題です。ある日ふと振り返ってみたら、動きの質が変わっていたことに気がつくかもしれません。武術の技法の妙や人間の身体の妙を探る旅に夢中になっている内に、いつの間にか身体操作の質が変わっていきます。それが武術稽古の奥深さです。

◉武の宝を探す

この武の旅というのは、まるで宝探しのようなものです。技法や身体の妙を探る旅は、あたかも、海の底や森の奥に眠る財宝を探す旅に似ています。そしてこの宝探しというのは、①宝が何なのか（どんなものなのか）分からない、②そもそも本当にそんな宝が存在するのかどうか分からない（存在する可能性が高い場合もあれば低い場合もある）、という二重の「分からない」があるから面白いといえます。

そう考えますと、この「宝（探し）」には、いくつかのパターンがあるでしょう。

（A）①どんなものかある程度分かっていて、②理論上歴史上記録上、実際、確かに存在する可能性が高い。

（B）①どんなものかある程度分かっているけれども、②それは単なる絵空事（虚構）であって、そもそも存在する可能性が低い。

（C）①どんなものかほとんど分からないけれども、②理論上歴史上記録上、実際、確かに存在する可能性が高い。

（D）①どんなものかほとんど分からないし、②それは単なる絵空事（虚構）であって、そもそも存在する可能性が低い。

（A）は、例えば、歴史学・考古学に基づく探索みたいなものでしょうか。

	A	B	C	D
宝の正体	○	○	×	×
宝が存在する可能性	○	×	○	×

宝（探し）の4パターン

背景や周辺の証拠がはっきりしていて、仮説の信憑性が高い場合です。比較的アカデミックなニュアンスを感じさせます。（B）は、徳川埋蔵金とかナチスの財宝とか、あるいは、妖怪やUMA（未確認生物）の類を探しに行く探検がそうかもしれません。どちらかというとロマンでしょうか。（D）は、噂程度の未確認情報に基づいて探しに行く、かなり眉唾なお宝探しです。単なるシャレと言って良いかもしれません。

これらに対して、（C）は微妙です。想像を絶する凄いものが隠されているかもしれない可能性が高いけれども、現段階では、それが何だか良く分からない。行ってみないと分からない。探り当ててみないと分からない。しかし、数々の先人たちは「ある」と言う。これは、宝探しの旅に出る、最初の一歩が出にくいパターンかもしれません。そして、武の妙術を探る旅というのは、この（C）に近いような気がします。

◉武の真理へ

様々な土地で長きにわたって伝えられてきている各流派の武術ですが、同じ人間の行う身体技法なのだから、そういう各種武術に共通する何かしらの共通原理というのは、ある可能性が高いと考えて良いでしょう。もちろん個別には、末節の技に違いはあるでしょうけれども、本質的な核となるところはきっと同じです。なぜなら、いずれも、同じ身体構造上の最適な操作に関する技術体系なのですから、答えにそう幅のあるものだとは考えにくいからです。

ただ、それは早々に明らかになるものではありません。一人の人間がその妙を知るには何十年もかかるかもしれないし、人間の一生涯では辿り着けないかもしれません。武術の旅というのは、だから面白いのです。簡単に見つからないから、面白いのです。数カ月、数年で辿り着けるような宝探しが、果たして面白いでしょうか。人間が一生掛けても辿り着けないかも知れない、そういう壮大な宝探しだからこそ、やる意義のある、やる甲斐のある、宝探しなのではないでしょうか。

手がかりとなる目印だとか、確かにこっちの方だというのが分かる証拠だとかを、自分なりに発見しながら歩いていく。宝の在処《ありか》を示す小さな目印や証拠を拾い集めながら、オリエンテーリングのごとく、探していく。当然、宝の在処そのものを正確に指し示す地図などありません。あるのは先人（例えば自分の師）の歩いた道、つまり、その先人が自分で歩いたところまでを描いた地図のみです。

◉旅先案内人としての師

こうした手探りの旅ゆえに、もしその先人が間違った方向へ歩いているとすると、それは大変なことになります。例えば、北に行くべきところで、だいたい北の方へ向かっていれば、北へ向かう道はいくつもあるでしょうから、それはそれでそれぞれ正しいと言えます。しかし、ここでもしも、南に向かっていたり、東西に向かっていたりしたら、それはなかなか厳しい状況です。それもまた人生の一ページと思えばそうですし、そうした無駄と思える経験があってこそ正しい方向へ歩める場合もあります。ただ、だからこそ、武の世界ではよく、「良師は三年かけて探せ」と言われます。

そして、実際は、その「宝」そのものに辿り着く、つまり、これを「悟り」と言い換えれば、「悟り」そのものに辿り着くことは、おそらくないでしょう。辿り着いたと思えば、それは禅で言うところの魔境、すなわち、単なる勘違いです。

私たちが武の旅の道中で拾う目印や証拠といった、「宝」へと導くだろう小さな手がかりを少しずつ味わいながら、旅は永遠に（死ぬまで）ひたすら続けられます。それが武の旅です。

◉形を練る（揺れながら収斂していく身体感覚）

前著『空手と禅』でも書きましたが、武術とは基本的に、その流派の形を練るところに真髄があります。つまり、形＝流派です。形を通して、私たちは身体を練ります。形を通して、その流派の身体操作を学びます。

武の旅の道中で味わう技法や身体の妙というのは、こうして形を練る、あるいは形を通して身体を練るときに体感します。それはあたかも、揺れながら収斂《しゅうれん》していくような過程です。

どういうことかと言うと、形を練るときには自分の身体と対話するわけですが、このとき、ある点へと振れながら（揺れながら）、つまり、身体と相談しながら、もしくは、身体の声を聴きながら、向かっていきます。この感じだろうか（この点だろうか）、いや、この感じだろうかと、探りながら（尋ねながら）練っていきます。そうやって身体の微妙な声に耳を傾け、点と点の間を揺れながら、「あそこ」が正解なのではないかと探っていきます。

では、その点とはどこにあるのでしょうか。それは、具体的に「ここ」と外側から指定できる場所ではなく、身体が内側から気持ちの良いと感じるところ、楽に感じるところ、しっくりくるところ、つまり自然にあるところへと収斂していく、そこがその点です。ですから、個人個人によってそこの感覚は微妙に違うかもしれません。しかし、私たちは個人間でほぼ同じ構造である人体を持つことを考えれば、「そこだ」というところには、ある程度近い感覚、共通する感覚はあるでしょう。

これは、空手や太極拳でもそうですし、気功や坐禅でも同様です。だからこそ、「他者」である師によって「ある点」が身体とそれを補う言語で伝えられ、それを手がかりにして、その「ある点」へと「私」は揺れながら収斂していくわけです。

ただ面白いのは、気功や坐禅と同様に、武術においても、ある点へと収斂しきることは決してなく、掴みそうだと思えば指の間からスルリとすり抜けていきます。その点を永遠に探し続けます。その繰り返しです。だいたいあっちの方にありそうだという感覚はあるけれども、なかなか辿り着けません。いえ、実際は永遠に辿り着けないかもしれません。辿り着いたと思えば、それは魔境、ただの勘違いの可能性が高い。だからこそ、永遠に続く武術の修行は武を通した「道」となります。ただひたすらに揺れつつ収斂しつつ身体を練ることが、まさしく武の旅、武の道なのです。

第1部　大人の空手

第4章

武術は漢方薬

◉稽古の継続性というコツ

前章でお話ししたように、ひたすら永遠と続く修行が、空手はもとよりあらゆる武術の稽古であり、それは道となり、やがて武道となります。そして東洋のあらゆる心身修養法や身体技法は、東洋医学の漢方薬のようなものであり、長年飲み続ける（やり続ける）ことで、じわりじわりと効いてきます。西洋医学の薬のように、飲めば（やれば）すぐ効く、というものではありません。それが修行の修行たる所以です。

ですから、例えば、毎日5分でも10分でも良いから繰り返し練ることの方が、週に1回60分集中して稽古するよりも、おそらく格段に効果があるように思えます。私自身、そういう実感があります。私が翻訳した『タオ・ストレス低減法』の著者であるロバート・サンティも、その著書の中で繰り返し、定期的継続的に実践することを強調しています。そうしないと（不定期だったり途中で止めてしまったりすると）効果が少ないと、何度も書いています。つまり、東洋の技法は第一に、ひたすら続けることがミソなのです。継続性こそがコツ（秘訣）なのです。

◉稽古に意味はあるか

私の場合、毎日毎朝、形を練っていますと、（最近ではめっきりなくなりましたが、以前は）ごくたまにふと、「一体なぜ自分はこんなことしているのか」という根本的な疑問が浮かび、心底ばかばかしくなるときがありました。具体的な効果、目に見える効用、そういう分かりやすい変化や変容は、武術修行にはほとんどありません。もう少し正確に言うと、まったく「ない」わけではなく、そうした日々の変化や変容は、極めて微細だということです。

したがって、術の稽古に意味などない、としておいた方が無難です。もちろん、稽古をすれば、それなりに色々な副次的効果（短期的には微細な効果、長期的には絶大な効果）が数え切れないほどあります。しかし、それら、特に短期的な効果自体を目的にすると、その副次的効果が得られない（微細すぎて気がつかない）場合に、期待外れとなります。ましてや、本来は長期的に稽古して初めて結果的に得られるだろう大きな効果を短期的に狙おうとしたら、それはほぼ100％期待外れに終わります。ですから、そういう具体的な副次的効果を「狙って」練ってはいけません。

特に長期的な稽古の継続の末に到達しようと思っている先は、あるようでないし、ないようであります。それは禅であり、さらには、タオです。禅やタオというものはそんなものです。

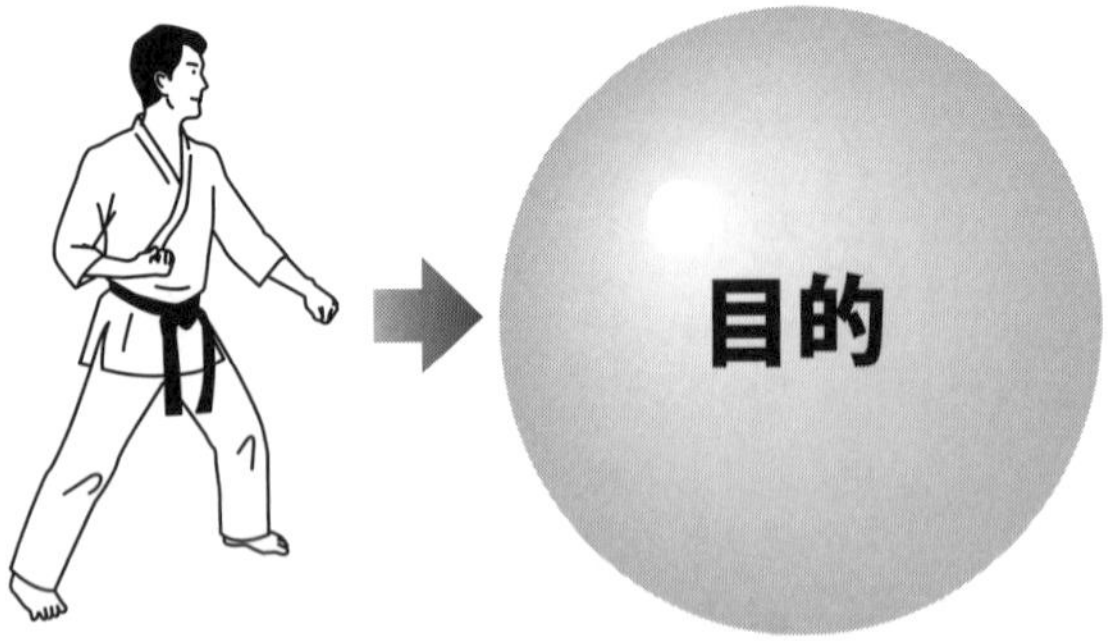

稽古によって得られる、何らかの効果（強くなる、健康になる等）を目的とした稽古。

稽古そのものが目的となった稽古。それは、「ただやるだけ」というマインドフルネスだ。

ですから、武術の稽古は、やらないよりは絶対にやった方が良いことははっきりしていますが、やらなければならない、というわけではありません。やるかやらないか、続けるか続けないかは、個人の自由です。強制されてするものではありません。

◉「稽古する＝生きる」という気づき

ただ、個人の自由とはいうものの、稽古をしたらしたで、それは、生きることそのものと同じであることにもまた、気がつきます。ただひたすら練ることは、ただひたすら生きることと同じです。

ごくたまにふと、「一体なぜ自分は生きているのか。なぜ自分は今ここにいるのか」という、自己存在についての根本的な疑問が浮かぶことがありますが、それは答えのある問いではありません。ですから、いくら考えても、意味や理由や原因など永遠に見出せません。つまりこれは本質的には、「問い」ではなく「疑い」なのです。

普段私たちの中にそういう疑いが生じたからといって生きることを止める、ということは滅多にありません（「滅多に」と言ったのは、ときに人が自殺を企図するのはこのタイミングかもしれないからです）。ただ、このタイミングに稽古を止める、形を練ることを止めてしまう、というのはありえます。

◉阿呆になってひたすら続ける

なぜ生きているのかという疑問に答えはなく、では生きるのを止めようかと思っても止められないので、結局そのうちにこの疑問がうやむやになります。この疑問を突き詰めて考え続けようとしないためのストッパー（リミッター）のようなものが頭の中に事前に備わっている、そういうプログラムがプレインストールされているかのようです。

一方で、なぜ稽古しているのかという疑問にも同様に答えはないのですが、ただここで、稽古の場合は止めようと思ったら止められます。稽古は、やらなくても生きていけるからです。

しかし、稽古をここで止めてはいけません。武術の修行という実践は、阿呆になってひたすら続けることに、道（どう、みち）としてのミソがあるからです。稽古をただひたすらそれになりきって永遠に続けるところに、禅があり、さらに道（タオ）があるからです。

◉定期的な稽古で気づく微細な変化

武術の本質にもう少し近づけて、この「継続性」について考えてみましょう。継続することそのものが大切なのですが、もう一つの大切な側面は「定期性」です。つまり、一定の時間間隔で稽古することが重要です。一定の間隔とは、具体的には、毎日、朝起きてから夜寝るまでを区切りとして、その間に一度は稽古する、ということです。そのぐらいの間隔で稽古することで、初めて効いてきます。その理由は次の通りです。

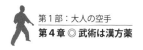

武術や瞑想のような東洋の身体技法は、身体の微細な感覚を大切にします。その感覚の違いや変化に敏感になります。内的な感覚の差異にこだわります。そのためには、疲労が蓄積しない範囲での短い間隔で、定期的に身体をチェックする必要があります。こうした微妙な感覚の差異に気づくためには、少なくとも1日1回は稽古をするのが良い、ということです。1日置けば、それだけ感覚は遠のき、違いや変化に気づきにくくなります。

しばしば道場稽古は週1回だったり週2回だったりしますが、こうして道場に行って稽古する「だけ」では、なかなか効果は望めないかもしれません。確かに、道場に通う前と通うようになってからとでは、何らかの変化はあるでしょう。初心者の場合は特に、変化が大きく感じられるかもしれません。経験したことのない身体運動による違いや変化は大きいために、気づきやすいに違いありません。

一方、稽古が進めば進むほど、目に見え肌で感じる違いや変化に気づきにくくなります。違いや変化はより微細なものになるからです。ここでもし、相変わらず週1回や週2回の稽古「だけ」をしていては、その変化に気づくことは段々と難しくなります。違いや変化は極めて微細なレベルになっていくため、7日あるいは3～4日の間を置いてしまうことで、以前の身体感覚を忘れてしまい、次に稽古したときにその違いや変化に気がつかないからです。せっかくの感覚を取りこぼしてしまうことになります。つまり、毎回、振り出しに戻るようなものです。これではなかなか先に進めません。

◉短時間でも毎日行う

こうした微細な違いや変化に気づくためには、なるべく短い時間感覚で稽古を定期的に継続する必要があります。別の見方をすれば、毎日何時間も稽古する必要はありません。武術などそもそも日常生活になくても支障はないですし、「大人の武術」では試合に勝つことが目的でもありません。

ですから、例えば、毎回2～3時間の稽古を週2回するよりも、30分の稽古を毎日した方がよほど良いといえます。そうすることで、身体の練り具合や微細な感覚に気がつくようになります。感覚の違いや変化に意識が向くようになります。

1日置けば、身体への感受性がその分鈍くなります。日々の微細な変化を感じ取るということは、日々の違いを比較検討するということであり、違いや変化を浮き彫りにすることです。そのためには、できれば毎日、短くても良いから毎日、稽古することをお勧めします。そうすることで見えてくる身体があります。

◉武を習う者としての心構え

さらにまた別の角度から、武術を定期的継続的に稽古することの重要性を考えることもできます。これは少し大げさな話かもしれませんが、理想的には、武術稽古は、雨が降ろうと槍が降ろうと、いついかなるときも、続けて行うべきである、ともいえます。

繰り返しますが、私たちはときに、「一体なぜ自分は稽古をしているのか」と、ふとばかばかしく思えることがあります。あるいは、そういうとき、意識的には例えば、面倒だから、やりたくないから、疲れているから、体調が悪いから、忙しいから、他にやることがあるから、時間がないからと、稽古を休む理由が色々と思い浮かびます。しかし、こういう理由をつけて稽古を休んではいけません。

なぜなら、「今はちょっと疲れているから」といって敵は待ってはくれないからです。武術は、敵を想定した技法です。私たちが敵に遭遇する場合、常に体調万全というわけではありません。道を急いでいることもあるでしょう。しかし、面倒だから、体調が悪いから、忙しいからといって、敵は待ってはくれません。はいそうですかと、引き下がってくれません。それが、武術稽古の理屈上の背景です。これはスポーツとの大きな違いの一つでしょう。

ですから、自分の状況がどのようなときも、とにかく、休みなく定時に稽古を行うことが望ましいわけです。もちろん、「大人の武術」ですから、無理を押してまで稽古をする必要はありません。どうしても避けられない仕事があれば、それを優先することもまた致し方ないでしょう。

しかし、体調はそれほど悪くないし、緊急の用事もないのに、なんとなく面倒だからだとかやりたくないからという理由で稽古を休んでは、武術稽古として意味がありません。むしろ、そこで、面倒だからだとかやりたくないからといった心がなぜ生じるのかを考え、そうした心境とどう対峙するかもまた、稽古です。

また、ある意味、疲れているとき体調が悪いときの自身の身体の感覚を知ることも、貴重な稽古となります。もちろんそうしたときに無理をしていつも通りに動く必要はありません。自分の中で身体と対話しながら、動きを調整することも稽古の一環です。疲れているとき体調が悪いときには、自分の心身はこう変化するのかこう反応するのかということに気がつき、その範疇でいかに効率的合理的に動くかを考える、そういう稽古になります。

さらには、忙しくて時間がないときこそ、稽古をするために時間を調整して確保することもまた、稽古の一環です。つまり、自分のタイムマネジメント（時間管理）もまた、武術の内ということです。

第1部　大人の空手

第5章

マインドフルネス瞑想としての武術

◉阿呆になる道

とにかく武術の稽古とは、ひたすら定期的に継続することに意味があります。武術の修行という実践は、そうやって阿呆になってひたすら続けることで、道（どう）となります。稽古をただひたすらそれになりきって永遠に続けるところに、禅があり道（タオ）があるからです。

そうして阿呆になって禅やタオへと向かって武術を稽古し続けること、それが「武道」です。つまり、武道修行とは、ことごとく阿呆な行為なのです。阿呆になるためにやるのが武道修行と言っても良いかもしれません。何のためでもなく、ただひたすら修行します。「禅やタオへ向かって」という言い方も目的を表していますから、やや正確ではありません。正しくは、今ここで禅やタオになりきること（なりきろうとすること）がすなわち、修行実践そのものです。そのことで、何か他に益することを期待しない、ということです。

坐禅もまたただひたすら阿呆になるための修行です。暑くても寒くても、ひたすら稽古します。何のためでもなく、酷暑の中、極寒の中、稽古を続けます。それが修行です。

先にも話したように、武術的な理屈としては、暑いから寒いからといって敵は待ってくれないからどんな環境でも稽古をする、というのはあるでしょう。しかし現代社会において、現実的にそうした環境で敵が襲ってくるという可能性は万に一つなので、そうした環境で戦う「ために」

稽古をするということはナンセンスです。こうなってくるとますます、稽古する現実的な（現世利益的な）意味や意義などないことが分かります。

したがって、夏は大汗をかきながら、また、冬は震えかじかみながら、ただひたすら稽古します。この、何のためでもない稽古は、端から見ればただの阿呆でしょうが、武道や坐禅はただの阿呆になるための修行ですから、それで良いわけです。

●今ここに、ただ、ある

ここで言う阿呆とは、ただそれになりきることであり、それはすなわち、あらゆる価値判断から解き放たれる、ということです。そして、ただひたすら、今ここにだけあるそのことをありありと実感します。それがマインドフルネス（mindfulness）です。

マインドフルネスという概念・言葉・用語は、古くて新しいものです。近年では、ジョン・カバット＝ジンによる「マインドフルネスストレス低減法（Mindfulness Based Stress Reduction; MBSR）」に端を発して（『マインドフルネスストレス低減法』ジョン・カバット＝ジン著、春木豊訳、北大路書房）、医療や心理臨床、矯正施設、さらには産業、スポーツ、教育といったシーンなどでも広く取り入れられるようになっています。

マインドフルネスとは、概ね「価値判断することなく、今この瞬間に意図的に注意を向けること」を指しますが、団体や個人によって様々な歴史的文脈的背景があるために、定義には様々なものがあります。そこで、その中でも代表として、定義的に比較的まとまっている日本マインドフルネス学会のそれを示しましょう。そこでは、マインドフルネスとは、次のように定義されています。

マインドフルネスとは？

「価値判断することなく、今この瞬間に意図的に注意を向けること」

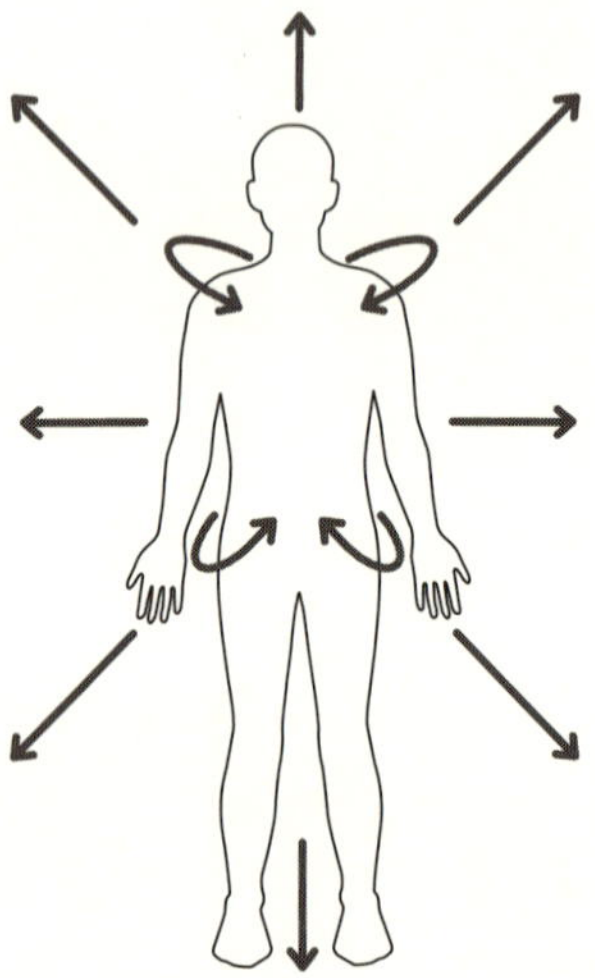

「今、この瞬間の体験に意図的に意識を向け、評価をせずに、とらわれのない状態で、ただ観ること」（なお、ここで「観る」とは、見る、聞く、嗅ぐ、味わう、触れる、さらにそれらによって生じる心の働きをも観る、という意味である）

（日本マインドフルネス学会）

定義のポイントは次の二つ、細かく言うと三つです。

①今この瞬間（今ここ、Here Now）の体験に意図的に意識（注意）を向けること
②その際、評価をしないこと、あるいは、価値にとらわれないこと
（③注意を向ける対象は、あらゆる身体感覚に始まり、その上で生じる心の状態だということ）

すなわち、実践的には、今ここにある自身の「からだ」と「こころ」をただ観察すること、それがマインドフルネスです。また、そうした状態であることをマインドフル（mindful）だと言います。

ちなみにマインドフルネスは、漢語で「念」と書きます。念という漢字を分解してみますと、「今＋心」すなわち、今の心です。つまり、念とは「今ここに心を留める」ということを意味しています。

◉身体の柔らかさを心の柔らかさに拡張する

なお、ここでは分かりやすく「からだ」（身体）と「こころ」（心、精神）と分けて書きましたが、注意を向ける（観察する）という意識の働きの上では両者は不可分です。つまり、心身とは一元論的なのです。西洋人は、「我思うゆえに我あり」と説いたことで有名なルネ・デカルトによる

心身二元論に縛られているとよく言われますが、現代日本に生きる私たちも同じく、つい、心と身体を分けて考えてしまいがちです。

しかし、心は身体に影響しますし、身体は心に影響します。例えば、ストレス性の胃潰瘍や偏頭痛などは、心が身体に影響する例と言えるでしょう。このように、心理学的な要因が症状の発症や経過に影響しているような身体的な病気のことを「心身症（Psychosomatic Disease）」と言います。また、そうした心の要因を重視した西洋医学の一分野を、「心身医学」「行動医学」と言います。一方、例えば、背筋をピンと伸ばせば気分は良くなりますし、表情を笑顔にする（笑う）と心も晴れやかになるといったことが、数多くの心理学の実験から明らかにされています。こうした現象は、「身体化された認知（Embodied Cognition）」と言われるもので、身体が心に影響する例です。このように、心と身体は不可分であることは、医学や心理学の研究によって証明されています。

もっと分かりやすい例を言えば、「リラクセーション」というものを考えると良いです。ストレス社会に生きる私たちはときに、「リラックスしたい」と思うわけですが、このとき、身体をリラックスさせることと心をリラックスさせることを、明確に区別していますでしょうか。例えば、リラックスしにいくために近所のスーパー銭湯に行く、といった場合、それは身体のリラックスということと心のリラックスということを、一緒くたにして考えているはずです。つまり、身体がリラックスすれば自ずと心もリラックスすることを、身体と心は不可分であることを、私たちは経験的に知っているのです。

心身は不可分であることに最初からはっきりと気がついている人もいれば、そうでない人もいます。そうでない人の場合、身体の感覚と心の働きというものを観察する修行、すなわち、武道や坐禅やヨーガを続けていくと、やがて気づきます。身体と心は別ではなく一体である、仏教的に言えばまさに「心身一如」だということが分かります。

太極拳の師であるスティーブは、「身体の柔らかさを心の柔らかさに拡張するのだ」と言っていました。「そうすれば結果的に、より俊敏に、より効率的に、より丈夫に、より機転が利くようになる」と。太極拳は、柔らかく優しくリラックスして身体を動かします。その身体性を、精神性へと拡げていく、という意味です。道教を背景に持つ太極拳は、柔らかい心を養うための身体技法です。そこには心身を分けていない考え方がベースにあります。

◉瞑想で観察する四つの側面

一方で、仏教では、「四念処《しねんじょ》」という教えがあります。四念処とは、瞑想において観察する（念ずる）四つの側面（処）であり、身念処・受念処・心念処・法念処、の四つを指します。「身」とは身体感覚のことであり、「受」とはその身体感覚から生じる感情反応（快か不快か、そのどちらでもないか）であり、「心」とはその感情反応から生じる認知反応（良い悪いといった評価や価値判断などの思考）のことです。最後に、「法（ダルマ）」とは世界観（この世の成り立ちに関する見方）です。

ここから分かることは、人間の意識のプロセスは、まず身体感覚の変化（反応）に始まり、その結果として快不快のような感情が湧き起こり、やがて良い悪いといった評価や価値判断がなされるのだ、ということです。仏教はすでにこうした人間の意識の特徴を知っていました。

こうしたプロセスは極めて微細な過程ですが、瞑想とは要するにこれらのプロセスをつぶさに観察すること、あるいは、こうしたプロセスを観察する力を養うことなのです。マインドフルネスを養うということは、具体的には、こうした「瞑想」を通して養います。それがマインドフルネス瞑想です。

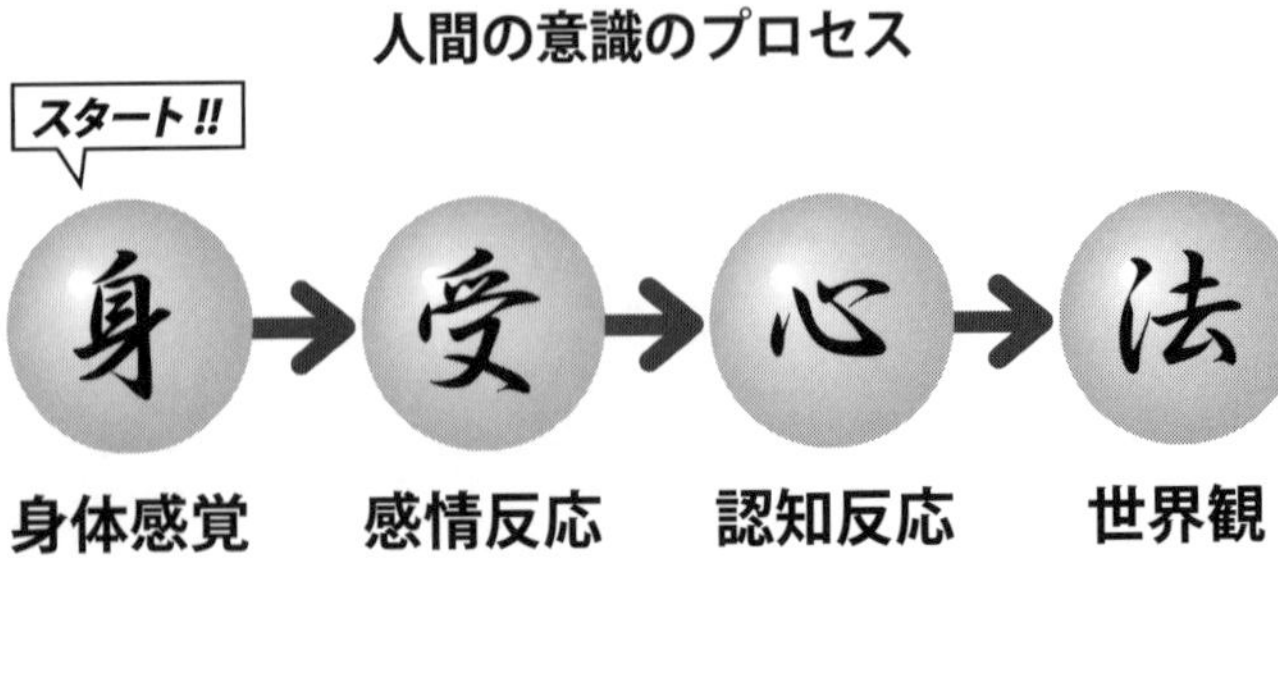

◉「止」の瞑想から「観」の瞑想へ

このマインドフルネス瞑想は、仏教瞑想の言葉で言うと、大きく二つの種類（段階）に分けられます。それは、「サマタ瞑想」と「ヴィパッサナー瞑想」です。それぞれを漢語で書くと、「止」と「観」です。これを合わせて仏教瞑想のことを「止観」とも言います。サマタ（止）とは、さまよってしまう心を、例えば呼吸に集中させることでそのさまよいを止める瞑想のことを指します。一方、ヴィパッサナー（観）とは、身体感覚に始まり、感情・思考などの心の働き、さらにはこの世界そのものまでをも観察する瞑想のことを指します。

サマタ瞑想は、一点に注意を向け続けることで集中力を養い、心のさまよいを止める瞑想です。一方、ヴィパッサナー瞑想は、どこか一点に注意を留めることなく、全体を漫然と観ずる瞑想です。そのため、どちらの瞑想を先に行うのかだとか、あるいは、どちらかだけを行うのかだとかは、仏教の流派宗派あるいは瞑想の指導者によって様々です。ただ、おそらく、順番として分かりやすくやりやすいのは、まずは「サマタ瞑想」を十分に行い、ある程度慣れてきたら、「ヴィパッサナー瞑想」に移行していくのが良いのではないかと、個人的には感じていますし、そういう流れで修行している流派が多いのではないかと思います。

そもそも、この両者を厳密に区別しようと無理をする必要はありません。「さぁ、サマタ瞑想

サマタ瞑想

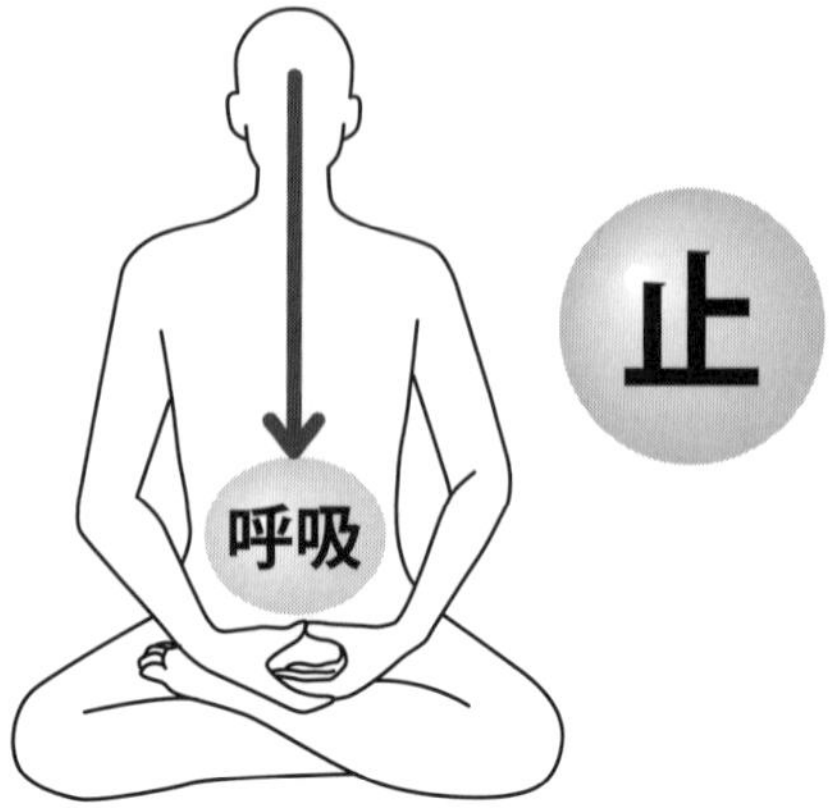

一点（呼吸）に注意を向け続け、心のさまよいを止めるサマタ瞑想。

ヴィパッサナー瞑想

身体感覚、感情や思考、この世界全体を観察するヴィパッサナー瞑想。

をするぞ」「今からヴィパッサナーだ」と意気込む必要はない、ということです。それは、サマタ瞑想をしているつもりで、徐々にヴィパッサナー瞑想となっていたりしますし、ヴィパッサナー瞑想をしているということは同時にサマタ瞑想ができていたりするからです。

ただ、いきなりヴィパッサナー瞑想をしましょうと言われても感覚的には実践しにくいので、取り組み方として、まずはサマタ瞑想をして自分の呼吸に注意を向け続ける、というエクササイズから始めていくのが良いと思います。そうして次第に、そこで培った集中力をベースとして、徐々にヴィパッサナー瞑想へと移り、身体全体、感情反応や認知反応などの心の働き、そして自身を取り巻く今ここの世界（環境）全体へと意識を万遍なく拡げていく、という流れが実践しやすいのではないかと思います。

◉マインドフルネス瞑想に最適な武術

このような方法で行うマインドフルネス瞑想にとって、武術は極めて有効なメソッドになります。なぜなら、武術は、呼吸と身体を注意深く観察することこそが、その技法の要だからです。つまり、武術の稽古、特に空手と太極拳の稽古方法あるいはその技術の理想的な状態は、呼吸と身体の動きを一体化させていくことであり、そのことを意識的に（能動的に）行うことですから、必然的に、マインドフルネス瞑想そのものとなります。つまり、武術稽古とは、呼吸や身体に注意を向け続け、身体や世界を観察するという行為なのです。それは基本的にサマタ瞑想であり、発展的にヴィパッサナー瞑想であるわけです。

こうして、サマタ瞑想で培った集中状態でヴィパッサナー瞑想をするとき、四念処にあるように、まずは「身体感覚」が重要です。ここへの気づきが、まずは最重要です。身体感覚の起こりや変化に気づいていくことで、その後に起こる感情反応や認知反応へも気づいていくことができます。つまり、仏教瞑想の観点からすると、身体感覚への気づきが非常に大切だということです。

そしてこの身体感覚への気づきを養う最適なアプローチの一つが、武術なのです。特に太極拳は、ゆっくりした動作が基本ですから、そうしてゆっくり動くことが身体感覚を分析的に観察するのに非常に優れています。そして、そのような方法論で空手の形を練ることが、空手の瞑想的側面をより進化（深化）させていきます。こうした身体感覚の観察の仕方については、第2部「感じる空手」でもって、より詳しくお話しします。

◉マインドフルネス瞑想の効果効用について

マインドフルネス瞑想には、様々な効果効用があります。ただ、その効果効用を求めてはいけません。なぜなら、マインドフルネス瞑想は、「〜のために」する瞑想ではないからです。何かのためにしてしまっては、すでに効果効用という価値に囚われてしまっていますから、今この瞬間を価値判断せずに観察するというマインドフルネス瞑想でなくなってしまうからです。

マインドフルネス瞑想で得られる効果効用はすべて、「副次的に」、つまり結果的に知らぬうちにいつの間にか得られる、そういうものです。だから、決して効果効用が得られることを期待してはいけません。つまり、マインドフルネス瞑想というのは、何のためでもない、何の目的もない、ただただ、今この瞬間を能動的に味わう、そういう営みだということです。ですからこれは、ここまでお話ししてきた「武道」稽古そのものなのです。

ただ、繰り返しますが、副次的な効果効用には様々なものがあります。ですから、瞑想そのものには何の目的もありませんが、瞑想することには意味があります。

◉サマタ瞑想が養う集中力

まず、サマタ瞑想によって今ここに集中する力がつきます。そうすることで、過去や未来へと心がさまようことが減ります。もちろん、さまようことそのものがなくなることはありません。さまようことそのものは、私たちの脳の基本性質なのです。

こうした心のさまよいのことをマインドワンダリング（mind wandering）と言いますが、これは脳が休んでいるとき（集中すべき対象や課題がないようなとき）に必ず起こる現象であり、脳のデフォルトモード（default mode：初期状態）と呼ばれています。私たちは気がついたら、過去や未来へと心の時間旅行を自動的にしています。過去のネガティブな出来事を反すうしたり、将来起こる出来事を心配したりします。こうした反すうや心配がストレス状態を長引かせて、結果的に、心身の健康を蝕みます。私たちがストレスだと感じているものの大半は、こうして脳が生み出した感情や思考なのです。

過去や未来へさまよう心というのは、要するに、過去や未来をイメージする力です。過去や未来をイメージできるからこそ、記憶したり、学習したり、予測したり、改良したりすることができます。それが今日の人類の繁栄をもたらしたことは言うまでもありません。

一方、そうした人類の繁栄によって、私たち現代人の生活は、

過去や未来へと心がさまよったら、早めに気づき、現在（今ここ）に戻ろう。

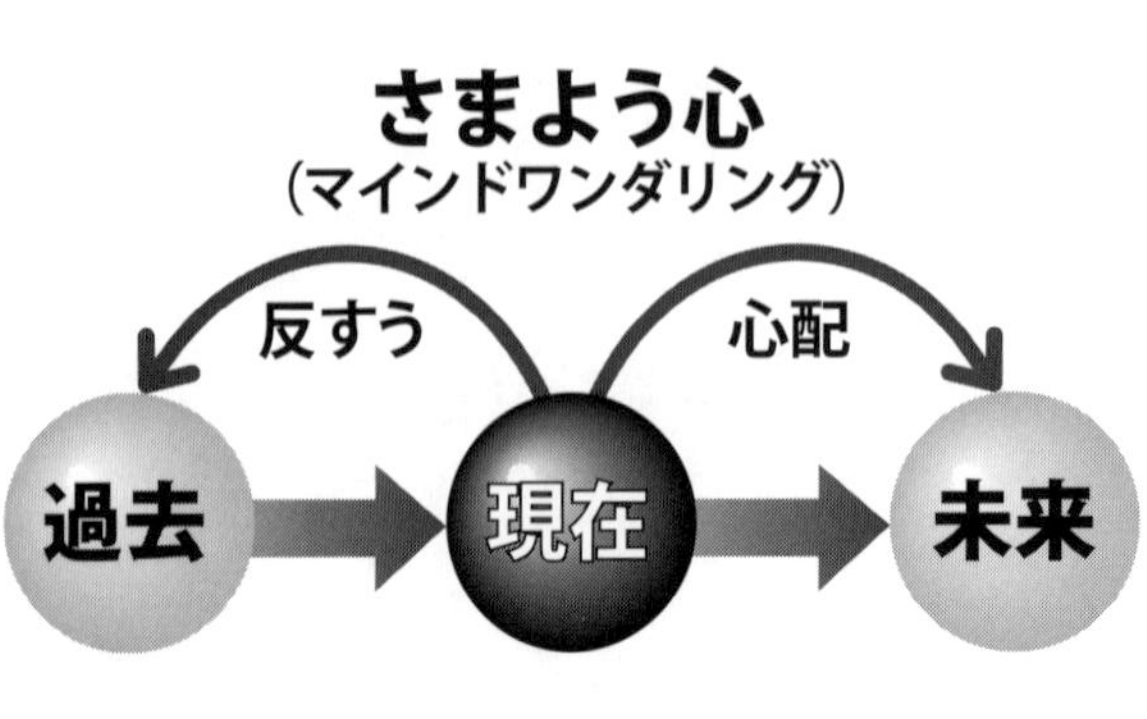

無数の様々な情報に囲まれるようになりました。かつてはテレビやラジオ、新聞や雑誌などでしたが、今ではそれらにインターネットが加わりました。気がつけば私たちは、パソコンでニュースやメールをいつもチェックしています。電車の中では大半の人が自分のスマホをいじって、社会情勢から芸能ニュース、友人とのSNSでのやりとりまで、休むことなく常に情報を追いかけています。

こうして、私たちは四六時中、様々な情報にさらされているため、追い立てられるように注意の対象が次から次へと移っていきます。逆に言えば、本当はおぼれそうなほどの情報の中にいるにもかかわらず、まるで必要な情報に飢えているかのように、中毒的に刺激を求め続けます。そうした無数の情報がストレス源となることもありますし、また、そうした情報がきっかけとなって自分の過去を反すうし未来を心配し始めることもあります。

こうして私たち現代人は、集中力を要する仕事や課題の合間に、それほど集中力を要することなく、ただ漫然と自動的に情報を追いかける、そんな時間を過ごしていることが1日の中で度々あります。まるで空いた時間を埋めるかのように、反射的に情報を追いかけることで、心の中はざわざわと落ち着かずに、あちらこちらへと忙しなくさまよい続けます。

マインドフルネス瞑想は、今ここの「現在」へと注意を向け続ける訓練を重ねます。具体的には、さまよっていることに気づいたらまた今ここに戻る、ということをひたすら繰り返します。そうすることで、やがて、さまよい始めることに早めに気がつくようになります。気がついたらしめたものです。また再び今に戻ることができます。こうして、過去や未来へと心が勝手にさまようことが徐々に減っていきます。要するに、自動的（受動的）な意識状態から脱して、統制的（能動的）な意識状態へと変わっていく、ということです。

◉ヴィパッサナー瞑想が養う観察力

次に、ヴィパッサナー瞑想によって、万遍なく観察する力がつきます。日常生活において私たちは、評価を気にして緊張したり、成果を求めて焦ったり、自分のことばかり考えたりして、つい視野が狭くなります。これはいわば、一点に集中しすぎて周りの様子が見えていない状況です。ヴィパッサナー瞑想を続けることで、広い視野で観察する習慣が身につきますので、困難な状況を乗り越えたり問題を解決したりする糸口が見つかったり、そうした状況や問題へと取り組む姿勢に余裕が生まれます。武術的には、いわゆる、「居着かない」力を養っているということです。

また、ヴィパッサナー瞑想は、身体全体の微細な感覚へと注意を向け、また、感情や思考などの心の働きへも注意を向けていきますが、やがて、身体の感覚と心の感覚というものは、意識の上では決して別物ではなく、同じ種類の「感覚」であることが分かってきます。つまり、心身一如だということが経験的に分かってきます。すると、身体の微細な感覚へ注意を向ける訓練は、結果的に、心の微細な感覚へ注意を向けることになります。つまり、心の細かい綾のようなものへの気づきが、身体の観察を通して養われる、ということです。この作業はまた、「心のモノサシ」の単位を細かくしていくような過程でもあります。

こうして自分の心のモノサシが細かくなれば、微妙な身体感覚の発生から、感情や思考の起こりに気がつきやすくなります。もしそれがネガティブなものであれば、それにこだわることなく、ただ観察し、やり過ごします。そこに一点集中しないようにします。つまり、深追いしないようにします。こうしてただ観察することで、深追いしなければ、もしそこで自動的に

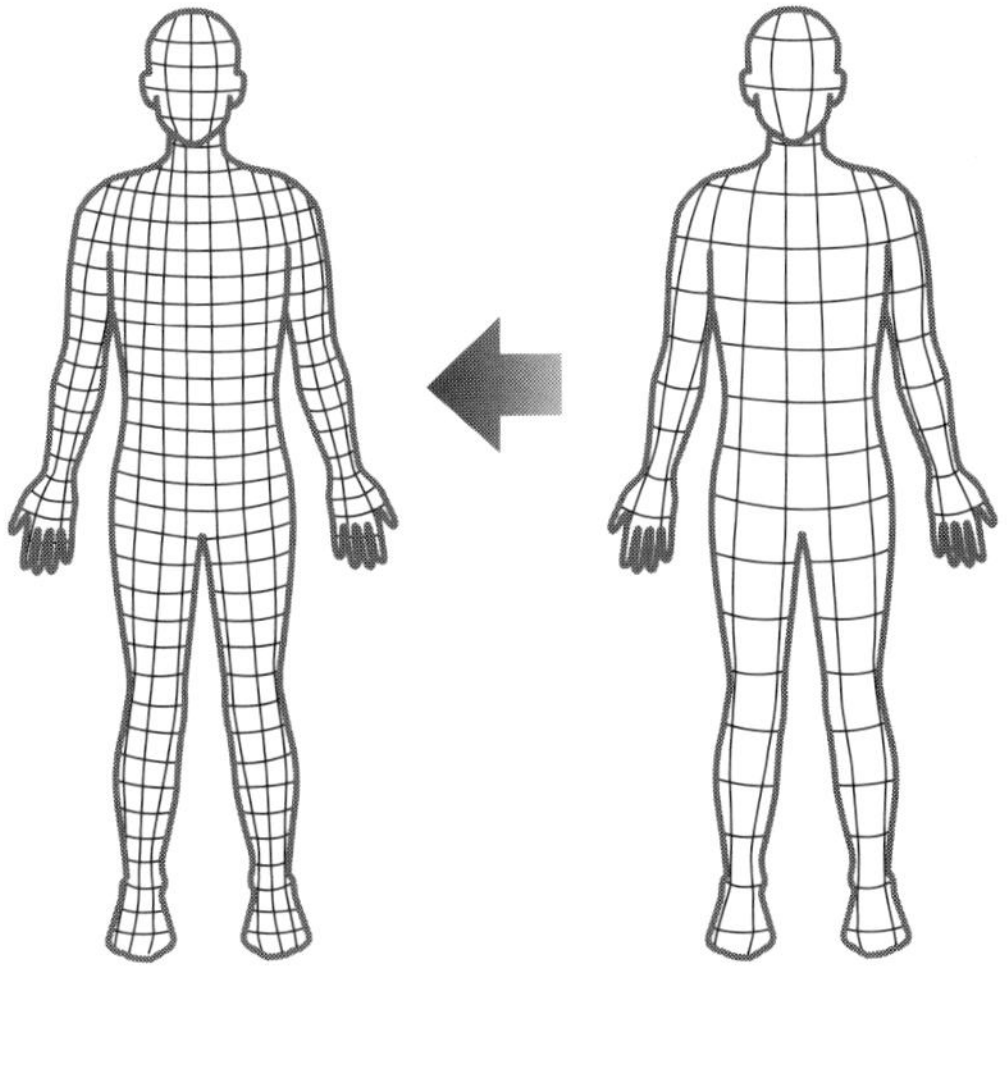

ヴィパッサナー瞑想で身体の微細な感覚を磨き、「心のモノサシ」の単位を細かくしていく。

一点集中して深追いしていた場合に生じたであろう葛藤や問題を、意図的に避けることができます。つまり、起こりや変化に気がつけば、その後に生じるだろうネガティブな結末を、未然に防ぐことができるということです。そこには、例えば、何度も後悔したりだとかあれこれと不安に思ったりだとかいった自分の中だけの葛藤や問題から、ついそのまま感情的に口走ってしまったり思い込みで先走ってしまったりすることによる人間関係上の葛藤や問題まで、様々なものが含まれます。

また、人間関係の中で私たちが最も気になるのが、相手の心情です。こうした相手の心情は、結局のところ、自分の心のモノサシでしか測れません。例えば、相手が怒っているのかどうか、どの程度怒っているのか、それは具体的にはどういった種類の怒りで、相手はどうして欲しいと思っているのかといった心の綾の細かさは、自分の心の綾の細かさがなければ、測ることはできません。

ですから、自分のモノサシをよく磨いておけば、相手の心情をよりよく推し量ることができる可能性が増えます。少なくとも、モノサシが鈍ければ、推測する質も量も、たかが知れています。つまり、自分の心をよく磨いておくことが、相手の心を読むのに不可欠だということです。

このように、マインドフルネス瞑想には、ストレスの低減による心身の健康から円滑な人間関係まで、様々な副次的な効果効用があります。こうした効果効用を支えるメカニズムについてさらに詳しく知りたい方は、ぜひ拙著『空手と禅』をご参照ください。

◉フローとマインドフルネスの違い

なお、最近では、「フロー」という言葉を、特にスポーツ（競技）の分野でよく耳にするようになりました。このフロー体験というのは、プレーに集中しきる、つまり、そのスポーツ競技そのものになりきることで、あたかも心身が一体化した状態になることです。この概念は、ハンガリー出身のアメリカの社会学者ミハイ・チクセントミハイの提唱したものです。彼によれば、フローとは、今ここの活動に浸りきり、最高のパフォーマンスを自動的に行っている状態を指しています。

こうしたフロー体験は何もスポーツに限るものではありません。何の活動であれ、あたかも自動的に最高のパフォーマンスをなしているときは、時間や空間の感覚を超えて、心が体を動かしているのか、動いている体が心なのか区別できない状態になるでしょう。そしてそこでは、恍惚感や喜びのような快を伴います。

このフロー体験はもちろん悪いものではなく、むしろ私たち人間が生活を楽しむ、特にスポーツやレジャーを楽しむ、さらにはプロスポーツ選手が常人をはるかに超えた優れたパフォーマンスをなすときの心を捉えたものとして、極めて興味深いものです。

しかし、この一見したところ心身一如になっている状態は、マインドフルネスとは違います。似て非なるものです。決定的な違いは、「気づき」があるかないか、です。マインドフルネスは今ここの瞬間にありありと気づいていること（自覚していること）が核ですが、フローはそうした気づきはありません。むしろ、気づいてしまってはフローでなくなってしまいます。具体的には、フロー状態にあるがゆえに生み出されていた高いパフォーマンスが、気づいた瞬間に、下がってしまいます。フローが完全にその状態（課題や作業やプレーをしていること）に没入しているのに対して、マインドフルネスは没入することなくその状態を自覚的に観察している、ということです。

また、フローでは、段階（ステージ）を進んだり、作業が進んだり、プレーで得点したりといった報酬（フィードバック）によって恍惚感や喜びを感じます。そして、その場をすべて制御しているようなコントロール感も味わいます。しかし、マインドフルネスでは、快も不快もまた、観察の対象です。コントロール感を得ていることもまた、観察の対象となります。恍惚感やコントロール感は、しばしば、悟りと勘違いするということで、禅ではこれを「魔境」として戒めています。

フローとマインドフルネスを同じものとみなす向きもありますが、私はこのように、両者ははっきり異なると思います。ただ、フロー状態に入るための導入として、マインドフルネスはおそらく有益です。つまり、マインドフルな状態で課題をしたり作業をしたりプレーをしたりしている内に、やがてフロー状態に入ることがあるわけですから（すなわち「魔境」です）、これを逆手にとって利用すれば、フロー状態に入りたい人はまずマインドフル状態になるのが良いと考えられます。

実際、多くのスポーツ選手が、坐禅のような瞑想修行を練習に取り入れているようですが、それは、マインドフルネスがフローへと導く手段あるいはきっかけ（導入、導火線）となるからかもしれません。スポーツ選手にとっては、高いパフォーマンスを可能にするフローへと入ることが求められますが、一方で、武道家の求

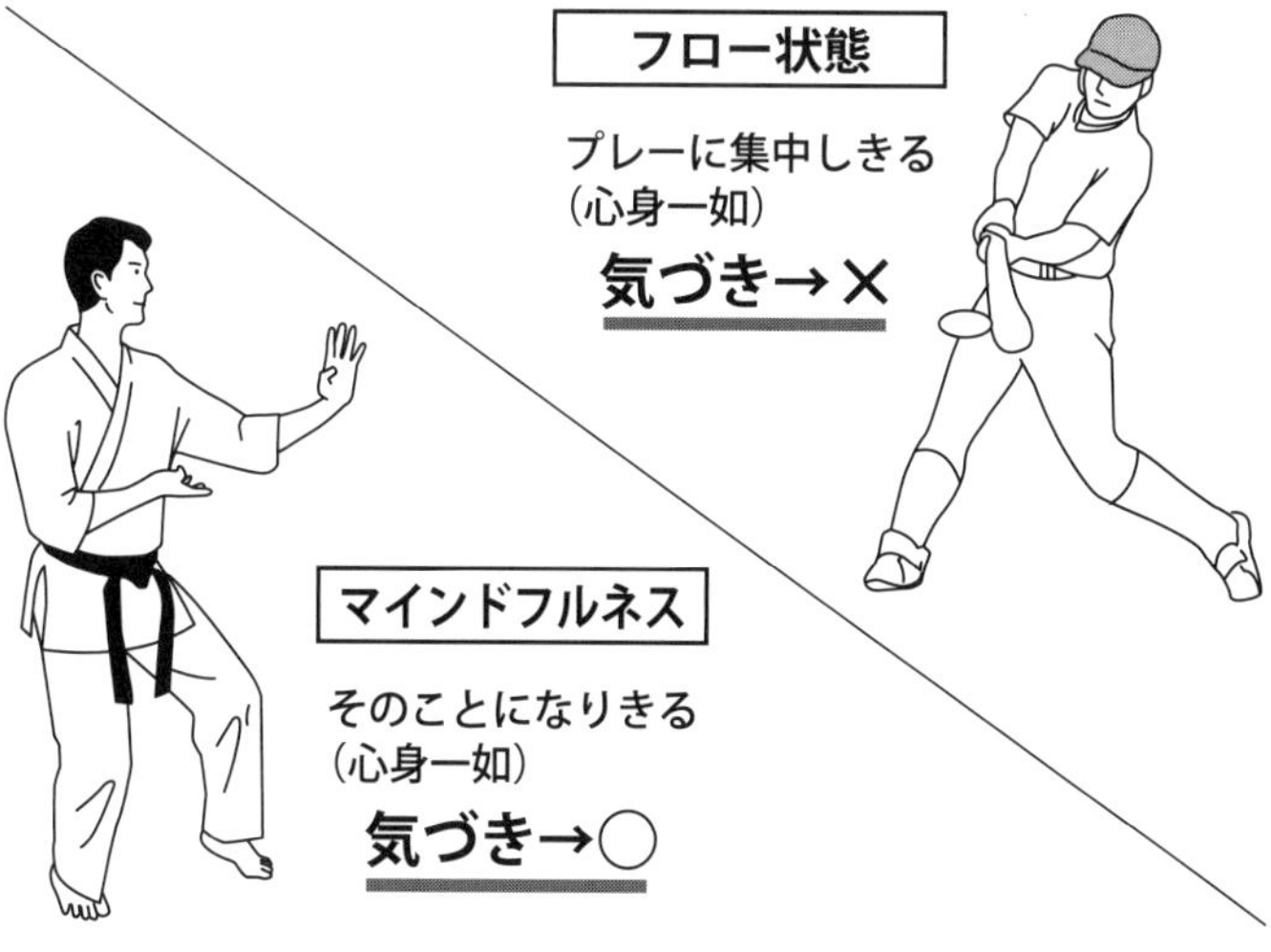

めるところはマインドフルネスであり、フローではありません。この点からも、スポーツと武道は違う、ということがお分かりいただけると思います。

第１部　大人の空手

第６章 なぜ武術なのか？

◉哲学としての武術

前章でお話ししたように、空手をはじめとする武術の稽古はマインドフルネス瞑想になりえます。ですから、「武術稽古はマインドフルネス瞑想だ」という理解・態度で日々稽古を行えば、それがすなわち「武道」稽古となります。武術は、マインドフルネスへと至る極めて有効なエクササイズということです。したがって、稽古者（修行者）や指導者（師範）がいかに、このエクササイズをマインドフルネス瞑想だと理解し実践もしくは教授するかによって、武術は武術のままでもありますし、また武道にもなりえます。

なにも「マインドフルネス瞑想」だと特別に意識する必要はありません。武術というものは、究極的には瞑想である、という自覚があるかないかが重要です。武術とは、自己を見つめる、さらには、世界を見つめる方法論であり、すなわち一つの哲学である、という意識があるかないかです。その行き着く先は、禅でもタオでも構いません。仏教瞑想であろうと道教瞑想であろうと、究極的には差はありません。行き着くところは同じです。私たちの生きる世界とはこういうものだという気づきを与えるのが、瞑想です。

このようにマインドフルネスとは、要するに生き方であり、人生観・人間観・世界観であり、そう考えると、これは生活を改善するための方法論を超えた、一つの哲学です。哲学とは、真理の追求です。マインドフルネス瞑想とは、人という存在の真理を追求する営みです。であれば、武術稽古も、存在の真理を追究する営みになりえるということです。それが武道です。

◉武術である必要性は？

このように、武術稽古はマインドフルネス瞑想そのものなのですが、ただ、マインドフルネスを養うための最高最善のアプローチが武術である、と言っているわけではありません。マインドフルネスは、当然、坐禅でもヨーガでも、あるいは茶道でも華道でも書道でも、ジョギングでもウォーキングでも、掃除でも洗濯でも、養うことができます。要するに、何でも良いのです。生活のあらゆる活動をどう行うか、つまりそのやり方次第で、それが瞑想となりうるかどうかが決まります。

つまり武術は、数多く存在するマインドフルネスを養う手段の中の一つなのであって、他のアプローチよりも絶対的に優れている、というわけではありません。強いて言えば、空手や太極拳のような大陸系の武術の形（套路）は、一定の動作が連なった比較的長いシークエンスに沿って動きますから、今ここへ能動的に注意を集中するという作業を比較的行いやすい、という利点はあります。これがすなわち、「動く瞑想」ということです。

ただ、「坐る瞑想」である坐禅や「寝る瞑想」であるヨーガのシャバ・アーサナ（死体のポーズ）のような、じっとしている瞑想以外の、多くの瞑想（になりうる）活動が、身体を動かすアプローチです。ヨーガも流派によっては各種のポーズを次々に変えながら行うものもありますし、茶道や華道や書道なども、一定の所作や動作を伴います。それらをすべて「動く瞑想」だと捉えれば、単に「動く」という観点だけからすると、そうした各種の動く瞑想法よりも武術の方がマインドフルネスを養う上でより優れているとはやや言い難いでしょう。どれも同じように、優れた瞑想法と言えるからです。

つまり、マインドフルネス瞑想をしようと思えば、方法はなんだって構わないのです。呼吸とともに今ここで行っている作業に能動的に集中する、身体に基づいて今ここを全方位的に万遍なく柔らかく観察する、ということをすれば、それはウォーキングでもジョギングでも、掃除でも洗濯でも、何でも瞑想になります。

このように生活の中の活動すべてを瞑想的に行うことを、マインドフルネス訓練では「生活瞑想」と呼んでいます。静かに坐っているときだけが瞑想ではなく、生活全てが瞑想である、つまり、生活全体をマインドフルに生きる、というのが生活瞑想です。ですから、瞑想しようと思い立った場合、どうしても武術である必要性というのは、全くありません。

◉なぜ武術なのか

では、なぜ私たちは武術なのでしょうか。武術の先にマインドフルネスあるいは禅やタオがあることを見据えて、それを求めて日々稽古をするのであれば、究極的には武術でなくても良いではないかという疑念に至るわけです。

しかし、そうではありません。武術を稽古する者は、武術家だろうと武道家だろうと、第一に、武術の術としての妙、身体操作術としての奥深さを探究することが、興味関心の中心にあります。そして、そうした身体の探究をただひたすらに行うからこそ、結果的に、マインドフルネス瞑想となりうるのです。

武術は本来、殺傷の技術として発展したものであり、つまりは、暴力の技術です。この暴力が暴力として一義的に意味をなしていた戦国の世が過ぎ、江戸の泰平期に入って、武士階級はこの暴力の術（アート）を改めて位置づけなければならない状況になりました。このとき、その稽古体系の本質はそのまま禅を養うことと同じである、ということが「発見」されたといって良いわけです。つまり、当たり前の話ですが、まず、アートが先にありき、なのです。ですから、武術をたしなむ者は、間違いなく、第一にこのアートの修得を求めています。

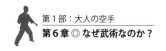

◉ヨーガと坐禅について

ヨーガは元々からして、マインドフルネスを養うために考え出された、古代インド発祥の身体技法です。ヨーガの語源は、英語のyokeの語源でもある、サンスクリット語のYujから来ていると言われます。yokeとは「(くびきをかけて)つなぐ」「結びつける」という意味であり、yoke A to Bで「AをBにつなぐ(結びつける)」という使い方をします。つまりヨーガとは、「A(意識)をB(身体)につなぐ(結びつける)」ということです。

ヨーガは、身体を使った様々なポーズを取ります。ときに、素人では難しい(場合によっては修練を積まないと不可能な)ポーズを取ります。これは、そうしたポーズを一定時間取り続けることによって、必然的に四肢への意識や身体バランスへの意識が維持される仕組みになっています。こうして、意識は身体に結びつけられます。かつ、ヨーガでは呼吸を重視します。

マインドフルネス瞑想は、呼吸と身体へ注意を向け続けることをベースに(サマタ瞑想)、やがて自己を取り巻く環境を含めた今ここの世界を観察する(ヴィパッサナー瞑想)、という営みです。身体と呼吸への意識を重視するヨーガは、したがって、マインドフルネス瞑想そのものです。実際、近年、マインドフルネス瞑想を広めたジョン・カバット=ジンのマインドフルネスストレス低減プログラム(MBSR)に含まれる主要な技法は、ヨーガ(ハタ・ヨーガ)です。

そして、仏教は、このヨーガの様々なアーサナの中でも、コアなアーサナの一つであるパドマ・アーサナ（蓮華坐《れんげざ》、蓮《はす》の花のポーズ）をその修行の中心に据えました。それが坐禅です。ですから、坐禅も当然、マインドフルネスを養うための身体技法です。つまり、ヨーガと坐禅は、成立からして最初から、マインドフルネス瞑想なのです。

◉「結果的」にマインドフルネス瞑想となる！

こうして考えていきますと、マインドフルネスを養う上で、武術である必要性はまったくありません。しかし一方で、マインドフルネスを養うのに、ヨーガや坐禅である必要性もありません。なぜなら、繰り返しますが、そもそも日常生活におけるあらゆる活動が、マインドフルネス瞑想になりうるからです。

ではなぜ武術なのかと考えると、先にも話しましたように、そこにはまず、武という術（アート）を探究する意識が先行するところにあると思います。アートをひたすら探究することで、今ここに無条件に集中することができます。

仮に、坐禅をするとしましょう。坐禅は、瞑想だと最初から分かっていますから、瞑想であることを意識しすぎてしまいます。さらには、わざわざ時間をかけて坐るわけですから、瞑想によって様々な効果効用を得ようという欲につい囚われてしまいます。

しかし本来、マインドフルネス瞑想とは、価値判断しないで今ここに意識を向けようとするものです。にもかかわらず、坐っている内に、「今、自分は瞑想しているのだ」「マインドフルにならなくては」「瞑想の効果が得られるだろうか」とあれこれ思考してしまいます。これでは、マインドフルネス瞑想をする意味がありません。ですから、坐禅というのは、見た目は簡単に見えますが（ただ坐るだけですから）、しかし、実は最も難しい瞑想法なのです。

これに対して、武術であれば、「自分は今、瞑想している」と常に意識することはありません。普段の稽古は、アートの追求です。ただ、そうして微妙な身体操作で構成されているアートの追求に意識を集中し続けることそのものが、結果的に、マインドフルネス瞑想になっているわけです。瞑想としての性質があることを理解しつつ、そのことをあまり意識しないで実践することができます。これが、武術がマインドフルネス瞑想として優れている点だと言えるかもしれません。

ただこうして、先にアートありき、の技法の方が瞑想として優れているという意味では、茶道や華道や書道なども同じです。これらの「道」のつく芸道は、ある一定の形式を持つ術（アート）が先にあり、のちのち瞑想的側面が付加されたと言えます。稽古者（修行者）や指導者（師範）は、これらの道を瞑想だとあえて意識的には明示せずに、普段は稽古をしているかもしれません。ただ、それぞれのアートの修得に集中することが、結果的に瞑想となっていることを理解しておく

坐禅は、最初から瞑想として行うため、効果効用を考えてしまいがちである。

武道は、術（アート）の追求に意識を集中するため、結果的にマインドフルネス瞑想になりやすい。

ことで、結果的にその営みからより豊かなものを得ることができると言えます。「道」とつく営みは、このように、術の修行の先に禅やタオを見据えた瞑想だということです。

武術家は、武術の持つ奥深い身体操作の妙をまず好み、これを選びました。その選択の理由は人それぞれであり、それぞれに惹かれるものがあったからであり、究極的には個人の好みに還元されるでしょう。ある術の存在をどこかで見聞きし、情報を収集し、実際に触れ、自ら取り組もうと思うまでのプロセスを支える好み（志向）は、千差万別です。

その魅力に従って、もちろん、そのアート（術）そのものだけを追求することもできます。しかし、その営みは瞑想であることを知ることで、より豊かに、より深く、術の稽古に励むことができます。それはすなわち、人間観・世界観を追求する営み、人間の真理を探る旅、つまり、哲学です。武道とは哲学なのです。こうして哲学的に武術を味わうことこそが、「大人の武術」「大人の稽古」です。

第2部　感じる空手

第7章

剛と柔の流転

◉大人の空手へ

第1部では、「大人の武術」「大人の稽古」「大人の空手」ということを申し上げてきました。ここで言う「大人の」の意味は、要するに、術をじっくりと味わう、ということです。そうして術を味わえば、それはそのままマインドフルネス瞑想であり、それを定期的かつ継続的に練っていくことで、その術の持つ「武道」としての本質を深く体感することができる、ということです。それが「大人の空手」です。

本章から始まる第2部（第7章〜第13章）では、より具体的に、どのように稽古に取り組むことが「大人の稽古」なのか、その方針（方向性）を示していきたいと思います。具体的な身体技法については第4部（第16章〜第17章）で紹介していますので、第2部では、そうした技法や普段の稽古を行う際の取り組み方をお示ししたいと思います。

言い換えれば、見た目にはまったく同じ稽古をするのでも、どういう態度・心構えで行うかによって、稽古の成果は180度違ってきます。本書は、競技を志向しない「武道」としての空手の稽古をする際の、一つの態度・心構えを提案するものです。

◉剛と柔で観る

稽古をする上での最も大きなポイントは、「剛」と「柔」です。これは、「硬」と「軟」と言い換えても、また、「陽」と「陰」と言い換えても良いです。英語で言えば、hardnessとsoftnessです。

空手にはご存じのように、剛柔流という流派があります。東恩《ひがおん》納《な》寛量《かんりょう》先生を中興の祖とする、いわゆる「那覇手」を継承する主要な流派です。伝承では、東恩納先生の高弟である宮城《みやぎ》長順《ちょうじゅん》先生が、中国は福建省の白鶴拳《はっかくけん》の奥義書として伝わる『武備誌』の中の拳之大要八句の一つ、「法剛柔呑吐」にちなんで自流の名とした、と言われています。

ここで言う「剛柔」とはつまり、世の中のありとあらゆる事象を構成する二大要素のことです。世の中はすべて、hardnessとsoftnessでできていると考えるのが中国の伝統的な考え方です。それは、陰陽説（Yin-Yang Theory）として、『老子』（道徳経、老子道徳経、道徳真経）に始まる老荘思想や道教（タオイズム、

Taoism）というかたちで、中国の民間信仰・民間思想の中に染み込んでいます。

「法」とは「この世の成り立ち（に関する見方）」や「世の中のあらゆる事象」というような意味であり、「呑吐《どんと》」とはのんだりはいたりするという意味でしょうから、「法剛柔呑吐」とは、世の中に存在する一切合切の事象はすべて剛と柔からなり、その剛と柔が行ったり来たり（入れ替わり立ち替わり）して互いに転じながら万物を構成する、というようなことだと思います。

確かに、流派としての剛柔流（那覇手）には、首里手系統の流派に比べて柔法（投げや極め）が多く含まれています。ですので、技法として剛と柔が含まれているという意味でも剛柔流と称してまったく遜色ありません。ただ、そうは言っても、剛柔流は空手術であり、技の中心は剛法（突きや蹴り）です。そして、剛柔流に代表される那覇手系統の技法では、筋肉の締めと呼吸を効果的に用いることで、この剛法をより強力な武器へと変えていきます。

この章でいう「剛」と「柔」は、技法としての剛法と柔法という意味も含みますが、もう少し広い意味で用います。つまり、武術としての剛や柔を超えて、身体感覚としての剛柔（硬軟、陽陰）、さらには世の中の仕組みとしての剛柔（硬軟、陽陰）というところまで、含んでいきます。ですので、剛柔流の「剛柔」は、命名時の思想的な意味としてはそうした抽象的なレベルまで含んでいるのですが、具体的な空手術の質でいえば、剛柔流は空手の代表的な流派として「剛」の術に入ります。

◉外家拳と内家拳の区分け

中国武術を分類する基準として、外家拳と内家拳、というものがあります。英語では、外家拳とはexternal martial arts、内家拳はinternal martial artsと訳されます。つまり、外家拳とは外側の武術であり、内家拳とは内側の武術、ということです。

一説には、中国の民間信仰である道教系統の武術を内家拳と呼び、出家して修行する仏教系統の武術を外家拳と呼んだところが始まりだとも言われています。道教系統の武術とは、現在では三大内家拳といわれる太極拳・形意拳・八卦掌のことです。これに対して、仏教系統の武術とは、いわゆる嵩山《すうざん》少林寺の武術を源流とする少林拳系統の武術のことです。太極拳の創始者と伝承されている張三豊が武当山で修行したという伝説から、内家拳を武当派と呼び、一方、外家拳を少林派と呼ぶこともあります。

なお、この少林拳系統の武術（外家拳、少林派）は、北派と南派に分けられることで知られています。北派武術の代表には少林拳や八極拳などが、南派武術の代表には洪家拳や白鶴拳などがあります。そして、空手は、主にこの南派の白鶴拳系統の武術が沖縄に伝わり形成されたものと考えられます。つまり、空手とは、系統的に、外家拳なのです。

繰り返しますが、外家拳とはexternal martial artsすなわち外側の武術です。ここで外側とは、身体の外側、皮膚や骨や筋肉を指します。つまり、外家拳とは外側から筋骨（身体）を鍛えることで、剛（hardness）の力を養う、そういう武術だということです。

◉実力が見えやすい外家拳

したがって、稽古の内容として主には、筋力と瞬発力を用い、パワーとスピードでもって敵を制するような術を身につけることを目指します。つまり、外家拳とは剛法を主体とする剛拳です。剛拳は、鍛えるべきところがパワーやスピードなど外面的であるために、客観的に目に見えます。目に見えますから、術を教え教わるにあたり、非常に分かりやすいと言えます。そのために、まずは武術として分かりやすい外家拳から入る、という人は多いでしょう。パワーとスピードに特化すれば特化するだけ、見た目にはっきりしているために、万人に理解されやすい術となっていきます。

日本において「空手」と称する各種流派の中で、その剛拳を極めた最たるところが極真カラテです。極真カラテは「パワー空手」と自称するほど自覚的にパワーとスピードを求めていました。現在の極真カラテが未だに「パワー空手」を目指しているかどうか定かではありませんが、一時期（１９７０年代〜９０年代）は極真カラテ専門誌の雑誌名でもありましたから、「パワー」を最大の価値基準に置いていたことは明らかです。

ときに、まるでボディービルダーと見紛うばかりの極真カラテ家を見かけることがあります。つまり、極真カラテ家の本質的な価値として、彼らの多くは究極の剛拳を目指しているのでしょう。そこに武術としての彼らの理想があります。これはこれで、目標が非常に明確であり、その端的さシンプルさが、率直なまでに、格闘場面における強さを証明しています。

極真あるいはその系統であるフルコンタクト空手諸派は、ストリートファイトには滅法強いでしょう。彼らにとって「実戦」とは、表向きは試合（競技）ですが、暗にはストリートファイト（ケンカ）のことを指しています。もちろん、ケンカを推奨しているということではなく、いざというときの護身術として、剛の拳を極めておこうというのが、極真カラテに端を発するフルコンタクト系統のカラテです。

私が最初に習った芦原カラテ系のサバキの技術はまさに、「ケンカ十段・芦原英幸」の編み出したケンカ・アートです。それは、ストリートファイトで勝つということに徹底的に特化した技術でした。そしてその技術を支える絶対要素が、スピードとパワーと柔軟性と持久力です。

速く突く、強く突く、速く蹴る、強く蹴る、高く蹴る、という目標は、外面的に誰から見ても一目瞭然であり、分かりやすいです。だから、まずは外家拳（剛拳）に取り組む、というアプローチは自然です。誰にとっても取り組みやすい分かりやすさが、そこにはあります。

◉エナジー（気）を導く内家拳

しかし、武術の「術」としての本質は、そうした筋力的な強さ（strength）や力（power）だとか、あるいは瞬発的なスピード(speed)や反射(reflex)ばかりではありません。むしろ、自己と他者(敵)のエナジーをどう効率良く導くか、というところにも武術の「術」としてのもう一つの本質があります。そして、「術」というからには、単にパワーやスピードだけでなく、そのようなエナジーの扱い方を習い、養うところに、本来的な主眼と醍醐味があるのではないかと思います。

したがって、たとえ外家拳から取り組み始めたとしても、やがて術の本質はもっと内的なものにあるのではないかということに気がつきます。単にパワーとスピードではないところに、武術としての奥深さがあります。外家拳にもそうした奥深さは隠されています。だからこそ術として生き続け、伝えられています。ただ、外家拳の場合、そうした内面のエナジーの扱い方に至るまでになかなか到達しないのが現状でしょう。それは言うなれば「奥義」であり、例えば、外家拳としての空手という術を極めていった先の先に、エナジーの感覚を練る段階がやってくるわけです。

一方で、そこのところを最初から求めているのが、太極拳のような内家拳（柔拳）です。日本の武術でいえば、合気系の武術が技法的には近いのではないでしょうか。太極拳や合気系武術の術理のポイントは、エナジー（あるいは気）をどう導くか、というところにあります。

内家拳とは、つまり、「気」を操作して敵を制する術です。筋骨のパワーやスピードで倒す技法ではなく、「気」の流れを操って倒す技法です。外家拳は見た目に分かりやすいですが、内家拳は見た目ではよく分かりません。「気」にはかたちや色がありませんから、外からは目に見えません。あくまで、自分自身だけが内的な身体感覚として体感するエナジーのようなものです。

こうした意味で、太極拳などの内家拳は、内側の武術（internal martial arts）といわれます。

◉イメージで自己と相手の気を導く

「気」というものについては、色々な立場の方が色々な考えを述べていますので、いずれの考えも否定するものではありません。ただ、私自身は、「気」とは実体のあるものではなく、あくまで、感覚としてのイメージだと思っています。そして、人間はイメージを、意外に、実感として体験することができます。

一つ試してみましょう。例えば、あなたのいる今そこで、目を閉じて、寝転がるとします。そうして寝転がりながら、自分は今、青い空の下、地平線の見える広い草原に寝転がって、爽やかな風に吹かれている、そんな様子をイメージしてみてください。意外とすんなり、まるで本当にそこにいるかのような気分になれるものです。

また、臨済宗中興の祖といわれる江戸中期の禅僧・白隠慧鶴《はくいんえかく》は、禅病（修行しすぎで心身の不調を来すこと）を治すために、「軟酥《なんそ》の法」という修養法を考えました。これは言わば、イメージによるリラクセーション法です。リラクセーションすることによってストレスを低減し、そうすることで心身の不調を治す、という仕組みです。具体的には、まず「軟酥」という卵のようなものが頭の上に乗っていることをイメージします。そしてそれが次第に溶けて身体全体を覆っていく様子をありありとイメージします。これも言うなれば、エナジー（気）が頭から下へ流れていくイメージと言えるでしょう。

このようにして、「気（エナジー）」をありありとイメージしながら、これを練るのが内家拳の稽古です。自分の気を導き、そして敵と相対すればその敵の気を導く。それが、太極拳に代表される内家拳の術です。

◉内と外の合一へ

もちろん、究極的には、武術に外も内もありません。外家拳から入った武術家も、正しく歩んでいれば、いずれ内（柔、軟、陰）へと至ります。逆もまた然りであり、内家拳から入った武術家も、外（剛、硬、陽）の重要性に気づきます。そして最後には同じところに行き着くはずです。

もともと武術に関して優れた感覚と才能を持った人からすれば、そもそも、身体をわざわざ内と外に分ける必要はないかもしれません。そういう特別な人にとっては、外と内の感覚は最初から区別されていないかもしれません。しかし、私たちのような凡人にとっては、筋肉を練ることと気を練ることというのは、特に気を練るという感覚の分かりにくさを考えると、両者はかなり趣の異なる別の作業だと感じるでしょう。筋肉を練るとは身体の外を練ることであり、気を練るとは身体の内を練ることとです。そして、武術的にはこの両者を練って、絡めて、調和して、身体全体として統合していくことが最も望ましい理想的な姿ではないかと考えられます。

ここまでお話ししてきたように、どちらかというと、外（筋）を練る方は分かりやすく、内（気）を練ることは感覚的に難しいところがあります。そのため、一般論として、武術を習うという意味では外家拳から入る方が分かりやすいと言えます。そして、その修行過程でやがて内家拳を学ぶことで、外と内、剛と柔、硬と軟を兼ね備え、統一され、融合され、全体として「一」となることができます。

すなわち、外家拳である空手を学んだ空手家が、やがて内家拳である太極拳を学ぶことは、術者としてより高次の次元へと統合されていく、非常に良い機会となりうる、と言えます。それはまさに、太極図（95頁図）のごとく、陽（空手）と陰（太極拳）が混ざり合い、やがて武術として「一」となる様子に似ています。

◉拳と掌の違いを味わう

ここでいくつか、私が修行をする中で感じた、外家拳（空手）と内家拳（太極拳）の違いを挙げてみたいと思います。端的に言うと、外家拳は筋骨的な力を凝縮して、その力を集中的に爆発させる技法であり、一方、内家拳は自分と相手のエナジーの流れを感じて操作して導いていく技法といえます。そのためには、外家拳は筋が緊張した状態（筋緊張）を重視しますが、内家拳は筋が弛緩した状態（筋弛緩）を重視します。

例えば、まず、手のかたちです。空手は主に手を握り、拳を使いますが、太極拳は主に手を開き、掌を使います。手を握ると、自然に力が入ります。逆に、手を開くと、自然に力が抜けます。空手は外家拳として、筋骨の操作によって凝縮した力を、拳骨（ティジクン）というより小さな面積の部位に載せて相手にぶつけます。一方、内家拳である太極拳は、内的なエナジーの流れを重視しますから、外側の筋肉に力が入っていては、微妙な流れを感じ取ることができません。微妙な気の流れを感じ取るために、手を開くことは理に適っています。

なお、緊張と弛緩という点では、外家拳ではしばしば目に力を込めて形を練りますが（競技では、まるで鬼の形相さながらの表情です）、外家拳では「微笑み（smile）」を奨励します。心理学に「表情フィードバック仮説」というものがあります。それは、表情が心の状態に影響するというもので、科学的にも実証されています。表情を緩めればポジティブ感情に、逆に、表情を強ばらせればネガティブ感情（例えば、怒り）になります。外家拳では、拳を握り、眉間にしわを寄せて歯を食いしばるのは、筋緊張を志向しているからでしょう。一方、内家拳では、掌を開き、眉間を緩めて口角を上げて、筋弛緩を志向します。

つまり、内家拳の内的な「気」を練るという作業には、ほど良い筋弛緩（リラックス）が必要だということです。そのために、外側（の筋肉）はリラックスして緩めておきます。ただ、リラックスするといっても、完全に脱力する、という意味ではありません。そこにはほど良い緊張も必要です。内側の感覚に敏感になることは、同時に、外側の感覚にも敏感でいるべきです。リラックスしながら敏感に身体の内外を感じ取る必要があります。それは、相手（敵）と接触したときの皮膚や筋肉の感覚に敏感になることのベースとなるからです。

そして、手の平というのは、非常に敏感な身体のセンサーでもあります。「ペンフィールドのホムンクルス」という奇妙な人形をご存じの方もいるかと思いますが、脳の体性感覚野に投射される身体の各部位の内、大きな面積を占めているのが手なのです（手以外に大きいのは顔や唇です）。このように敏感な感覚器官である手を開いて掌を使うことで、相手のエナジーを感じ取ります。そのため、日頃の稽古では、「労宮」という手の平の真ん中にあるツボからエナジーが出入りする感覚を練ります。これは、身体を通して気の流れを体感するとともに、センサーを常に敏感に保っておくためではないかと思っています。

私の空手の師である小林真一先生のそのまた師である、西田稔先生は、かつてこうおっしゃっていたことを覚えています。「ずっと締めるばかりではダメだ。最初は締めることを稽古するけれど、あるところまで（稽古の段階が）行ったら、締めながらも緩めるようにしろ」と。「締めながら緩める」というのは、まるで禅問答のようです。論理的には相反する現象が矛盾することなく同時に存在する状態を、一つの真理として述べています。リラックスしながらも集中する。relaxationとconcentrationが同時にある。本当の意味で私のような凡人にはまだその状態を体得できませんが、そこにはま

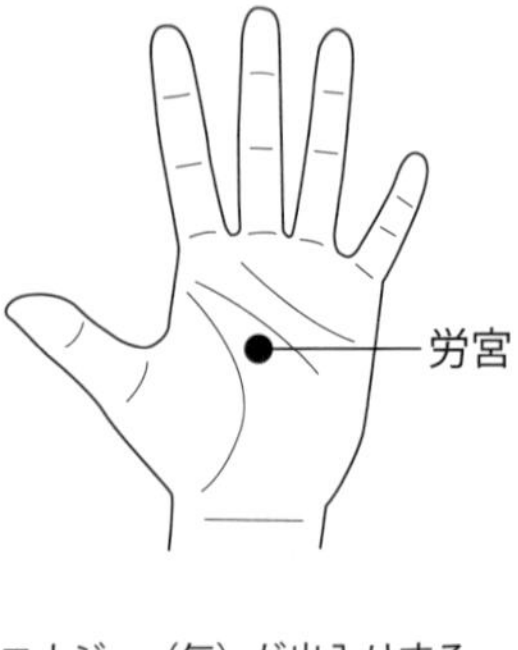

エナジー（気）が出入りする
手の平のツボ「労宮」。

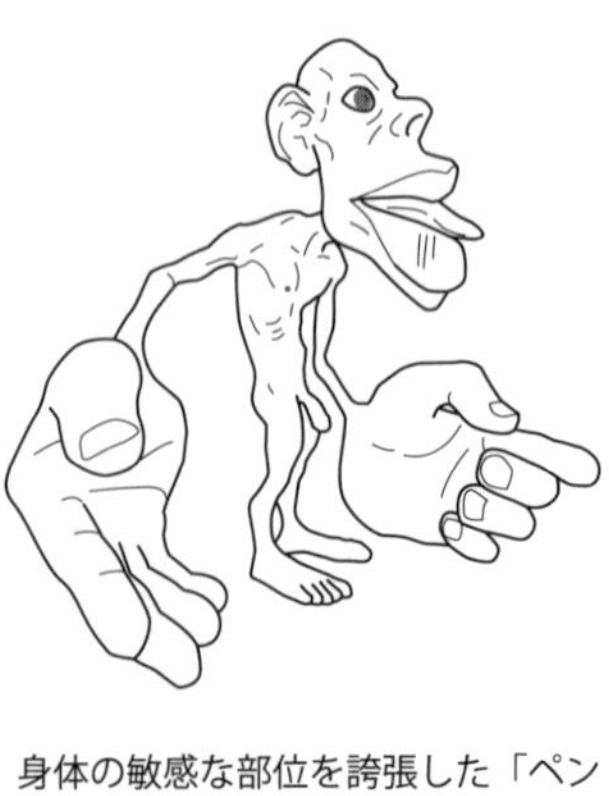

身体の敏感な部位を誇張した「ペンフィールドのホムンクルス」。

さに、剛と柔が融合した武術的な理想形があるような気がします。

ただ実は、ひるがえって、このリラックス（relaxation）と集中（concentration）を同時に求めているのがマインドフルネス瞑想でもあります。リラックスしつつ、今ここに敏感に集中し続けます。居着いて強ばることなく、状況全体を注意深く観察します。このように、武術的な意味での究極的な境地はマインドフルネスであり、この点からも、武術稽古はマインドフルネス瞑想そのものといえます。

このように、手を握るか開くか、ただそれだけで身体感覚は違ってきます。そこで、空手家諸氏にお勧めする稽古法として、拳を握らずに普段稽古している形を練ってみる、というものがあります。それも、できれば身体的には締めずにリラックスして練ります。

実は、糸東流には、「開手ナイファンチ」という形が宗家に伝わっています。これは、摩文仁賢雄糸東流三代目宗家と、摩文仁賢榮二代目宗家の最後の直弟子である横山雅彦先生（師範八段）から、教わりました。通常、ナイファンチは拳を握りますが、これは、手を開いて行います。こうして体感の違いを味わうことは、外家拳と内家拳の違いを味わう入口になりますし、

糸東流宗家に伝わる形
「開手ナイファンチ」。

その結果、武術的な身体の練度も上がっていくと思います。

◉口と鼻を使い分けた呼吸力

次に示す相違点は、呼吸です。ここでは特に、「吐き」（呼気、exhaling）です。空手の場合、息は口から吐きます。受けや突きや蹴りなど、技を出す際に、息を口から吐きます。これは、筋肉的なパワーをより集中的爆発的に出力するための工夫であり、術です。この呼気とともに筋肉を瞬間的に締めて、相手に最大限のパワーを伝えます。口から吐くことで、パワーを相手に出し切り、ぶつけるイメージです。

太極拳の師であるスティーブは、「武術的には、口から吐いた方が練ったエネジーを相手に伝えられる」と言っていました。しかし、普段の稽古では、息は鼻から出します。太極拳は、気功やヨーガなどの東洋的な心身修養法全般と同じく、鼻から吸って鼻から吐きます。こうすることで、練った気を体外に全部出してしまうのではなく、体内に蓄積していきます。このように、練った気を溜めて保存（conserve）していく感じが太極拳だと、スティーブは言っていました。

こうして練られたエナジーは、生活の活力源となります。一方、武術的に相手を押したり倒したりする際には、このエナジーを相手にぶつけていきます。その際には、呼気は口から出します。

これがいわゆる「発勁」ですが、では発勁を具体的に言うと、おそらく、エナジーの操作というイメージを利用した、身体操作（より具体的には四肢や筋骨の操作や体重移動など）と呼吸を絶妙に合わせたものだと言えます。

気そのものは実体的なものでありませんから、内的に練った気（のイメージ）が実体化し、まるで漫画『ドラゴンボール』の主人公・孫悟空のカメハメ波のように外に物理的に発せられる、ということはありません。気（エナジー）は、あくまでイメージです。その正体は、分析していけばおそらく、身体と呼吸の絶妙な操作に行き着くと思います。

つまり、ここまで来ますと、内家拳の術理もまた、究極的には、外家拳へと近づいていきます。外家拳から入った武術家がやがて内的なエナジーの妙を極意として体感するようになる一方で、内家拳から入った武術家がやがて外的な身体操作の妙を極意として体感する、ということです。これが、剛柔（硬軟、陽陰）の合一です。

◉閉じる空手、開く太極拳

次は、閉じる（close）と開く（open）という観点です。拳と掌に関する話と近いかもしれませんが、外家拳である空手は身体を閉じていく感じである一方で、内家拳である太極拳は身体を開いていく感じがします。それはおそらく、空手が、身体を締めること（筋緊張）を重視した武術であるのに対して、太極拳は、身体を緩めること（筋弛緩）を重視した武術だからかと思われます。

当然、締めれば閉じる感覚が生まれ、緩めれば開く感覚が生まれます。空手の場合、周辺（四肢）の力を中心（軸）に向けて絞り込んでいきますので、まるで低気圧の上昇気流のような感覚です。これに対して太極拳は、中心（軸）から周辺（四肢）へと放射状にエナジーを拡げていくので、高気圧の下降気流のような感覚になります。

この収斂と拡散の対比は、concentrationとrelaxationの対比と相通じます。そして、それは剛と柔であり、硬と軟であり、緊張と弛緩で

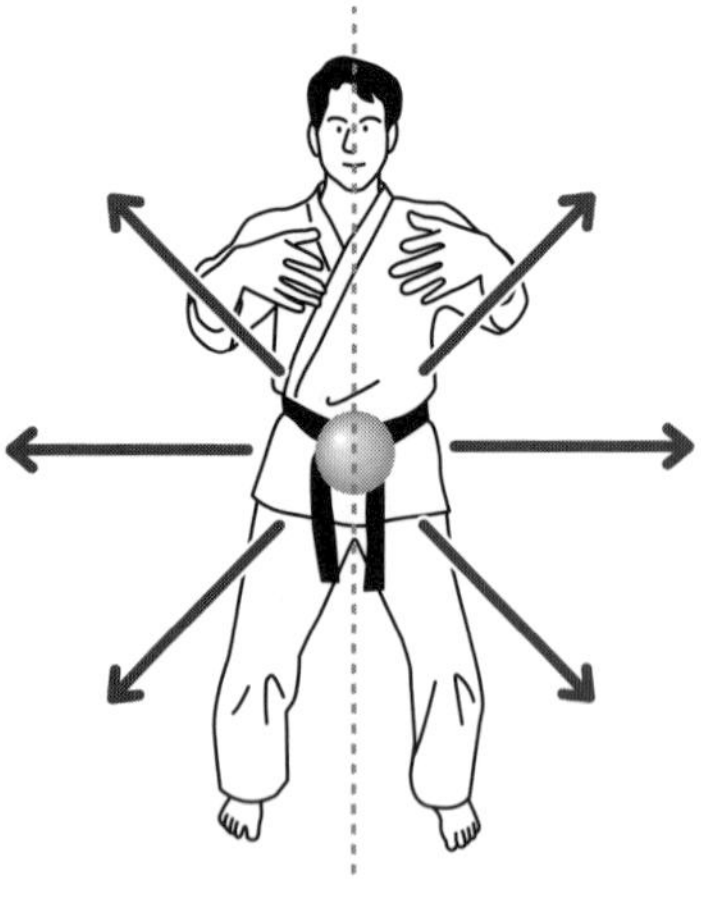

太極拳では、身体を緩めて
開いていく感覚を持つ。

空手では、身体を締めて
閉じていく感覚を持つ。

あり、外と内であり、つまり、陽と陰です。

さらに、このcloseとopenの対比は、比喩的には、出家して修行する閉じた仏教と民間信仰として開かれた道教という対比にもなります。また、仏教修行がストイックに無や空を念じていくコンセントレーション型の宗教であるのに対して、道教信仰が身体の健康を第一とするリラクセーション型の宗教であることも、おそらく関係しているのではないかと思われます。つまり、仏教と道教の思想的な方向性の違いが、身体的な術理の違いに影響していると想像できます。

◉「極め」のある動きと途切れない動き

最後にもう一点、外家拳と内家拳の特徴の違いを言うと、それは、途切れなく滑らかに変転するかしないか、です。外家拳（空手）は比較的直線的な動きの中で、メリハリのある動きをします。一方、内家拳（太極拳）はどちらかというと円の動きの中で、途切れなくつながり続けます。

なぜ内家拳には技と技が流れるように続いて間に切れ目がないかというと、おそらく、タオを体現する武術だからだと考えられます。太極拳の思想的背景には道教があります。道教の基本的な思想は、陰陽の絶え間ない流転です。太極図（95頁図）がその思想を示しています。陰（黒い部分）の中に陽（白い点）があり、陽（白い部分）の中に陰（黒い点）があります。陰はやがて陽に転じ、陽はやがて陰に転じます。それは絶え間なく変化し、切れ目なく循環します。そうして全体として陰陽がバランス良く混ざり合います。これが「一」（oneness）の状態です。

もし陰陽のバランスが悪いと、世の中に良くないことが起こりますし、個人であれば体調を崩したり事が上手く運ばなかったりします。そのすべてを司っているのがタオです。これが道教の世界観です。そして、内家拳（太極拳）は、こうした世界観（世界の成り立ちや仕組み）を身体で体感するための術なのです。だから、太極拳は哲学なのです。生きた哲学、生活哲学、実践哲学なのです。

これに対し、外家拳（空手）の動作的な特徴に、どれほど思想的背景があるかはっきり分かりませんが、おそらく内家拳（太極拳）ほど思想的哲学的な意味合いはないかもしれません。ただ、陰陽が絶え間なく変化流転する、切れ目のないエナジーの循環的な流れという太極拳的な考えは、直線的で断続的な体術である空手の持つ限界を突破するきっかけになるはずです。空手の場合、動作と動作の間で止まることがしばしばありますが（競技ではこれを「極め」と称して奨励していますが）、武術としてより高次に昇華させることを考えれば、内家拳のような継ぎ目のない動作法を体感的に応用することは、空手術の幅を大きく拡げるに違いありません。

第2部　感じる空手

第8章

ゆっくり動く

◉いつもと異なる様式で練る分析的稽古

前章では、空手（外家拳）と太極拳（内家拳）の違いについてお話ししました。思想的背景や技術において、その成り立ちや方向性が両者は異なります。ただ、外家拳（陽）の奥義は内（陰）にあり、内家拳（陰）の奥義は外（陽）にあるように、両者は究極的には同じところに行き着きます。ただ、前章で詳しく説明したように、表面的には、様々な相違が両者の間にはあります。具体的には、拳を使うか掌を使うか、息を口から吐くか鼻から吐くか、体感としてのcloseかopenか、途切れなく変化するかどうか、などです。

本書の読者の皆さんが主に空手家だと想定すれば、前章で普段の形の稽古を試しに「掌」でやってみてはどうかという提案をしました。それだけでおそらく体感的な違いを感じることができますので、身体の練度は大いに上がると思います。形というのは、確かに伝統的に決まったシークエンスを正確になぞることが大切です。そこをおろそかにしてただ自己流に変えてしまっては本末転倒であり、まったく武術の稽古になりません。ただ、自身の術を磨くという意味では、伝統的なシークエンスにある程度熟達したら、ただひたすらその通りにやるばかりではなく、ときには異なる様式で練ってみるのもまた、身体的にいろいろな発見があります。

しかし、手を開くか握るかといった程度であればすぐに試すことはできますが、例えば、普段の形の稽古のパワーとスピードでもって、鼻から息を吐く（鼻だけで呼吸をする）のは、なかなか難しいと思います。closeとopenの体感を変えて形を練ったり、途切れずに動作しようとしても、難しいでしょう。

そのためには、動きのスピードそのものを変えることです。空手の形であれば、ゆっくりと緩慢に形を練ってみる、ということです。さらには、スピードを様々に変えて練ってみることです。そうすることで、自己の身体をより分析的に観察することが可能になります。こうした稽古の仕方を、ここでは分析的稽古と呼ぶことにします。

◉ゆっくり動き、術の練度を上げる

なぜ太極拳はゆっくりと動くのでしょうか。それは、太極拳がより瞑想的なエクササイズであることの証拠です。つまり、太極拳は、その動作の性質上、必然的に身体をゆっくりじっくりと観察することが可能です。こうすることで身体へと向ける意識が高まります。太極拳では呼吸と身体の動作を合わせていきますから、呼吸（breath）と身体（body）と意識（mind）が融合していきます。これが太極拳の身体感です。

マインドフルネス瞑想とは、今ここに能動的に意識を向け続ける瞑想法です。ですから、太極拳はマインドフルネス瞑想そのものです。坐禅もまた同じようにマインドフルネス瞑想です。したがって、太極拳は坐禅と同じだということです。坐禅ではよく、「調身・調息・調心」ということが言われます。身を調え（正身端坐して）、呼吸を調える。すると結果的に心が調うという考えであり、曹洞宗の開祖・道元も『普勧坐禅儀』の中でそう教えています（厳密に言えば、調身と調息の方法を説くのみで、調心の方法というものを具体的に示してはいません）。つまり、調身（body）と息（breath）と心（mind）を調えていくことがすなわち坐禅であり、マインドフルネス瞑想なのです。

太極拳のように、身体をゆっくりじっくり動かすことで、身体の隅々まで感じることができます。感じるとは、観察するということです。もちろん、生まれつき武術の才能豊かな人であれば、どんなスピードでも身体の隅々まで体感できるでしょう。しかし、私たちのような普通の武術修行者にとっては、それはとても難しい作業になります。だから、あえて、ゆっくり動くことで、身体感覚をじっくりと観察するわけです。

一般的な空手の道場で、ゆっくり形を練る稽古をするところはほとんど聞いたことがありません。もちろん、すでにそういう稽古法を取り入れている優れた指導者（師範）もいると思います。また、個人的にそういう稽古を心がけている人もいると思います。しかし、通常は、「空手の形」（とはこういうものだ）という概念に囚われているために、緩急のメリハリを付けて、極《き》めるところを極めて、気合の声を腹から出し、目力を込めて、気迫を持って形を練りなさい、と教えているところが大半かと思います。

もちろんそれは、伝統の技を継承する、という意味では正しいでしょう。外家拳である空手という枠の中で言えば、決して間違っていません。ただ、本書が提案するのは、そこを超えた「大人の空手」です。それは、マインドフルネス瞑想としての武術、マインドフルネス瞑想としての空手です。それは、身体と呼吸を丁寧に観察する空手です。そのために、ゆっくりしたスピードで形を練ってみるわけです。

そうしてゆっくり動くことで、緊張と弛緩の違い、closeとopenの体感の違い、口からの呼気と鼻からの呼気の違い、さらには動作を途切れなく続けていく感覚などを、味わうことができます。こうしてスピードとパワーの外家拳である空手の形を、あえてゆっくり力を抜いて練ってみると、自分の呼吸と身体を、じっくりと観察できるようになります。

じっくり観察するというのは、動作（技）の起こりから極まるところまで、そしてその極まったところから意識を切らずに次の技へと移っていく様子を、丁寧に見ていく、ということです。速く動けばごまかしが利きますが、ゆっくり動くとごまかしが利きません。そうしてごまかしの利かない動きの中で、指先から足先まで身体各所の微細な感覚を丁寧に感じ取るようにします。そうすることで、例えば、動きの無駄な部分や間違った部分に気づいたり、そもそもなぜそのよ

通常の空手では、最大限にスピードとパワーを
乗せ、一瞬にして止めるような動きが多い。

太極拳のように途切れなく、身体と呼吸を観察
しながらゆっくり動くと、術の練度が上がる。

うな操作をするのかを考えたりするきっかけとなるでしょう。つまり、自身の術に、より濃密に、より深く、向き合うことができるようになるわけです。そうして、技を精錬させ、身体の練度を上げていきます。これが分析的稽古です。

ゆっくり動けば、当然、緩急のリズムも、身体の粘り具合も、変わります。力の入れ具合も変わるでしょう。軸や締めの感覚も違って感じられるかもしれません。こうした稽古を取り入れれば、たった一つの形でも、いろいろな味わいが生まれ、術を研究する幅が広がります。

ちなみに、楊式太極拳では、楊澄甫(Yang Chengfu)の弟子である董英傑(Dong Yingjie)が作った、快拳(kuai chuan; fast set)というものがあります。これは、素早くテンポ良く動く套路(形)です。私自身はこの快拳そのものは習っていませんが、このように、普段ゆっくり動く太極拳家も、ときに動くスピードを変えて套路を練ります。快拳は、楊式に限らず、呉式や陳式にもあるようですから、発想としては同じです。そうしてスピードを変えることで、術の練度を上げていくためであろうと思われます。

◉動く瞑想でミリ単位の変化を味わう

マインドフルネス瞑想をするだけならば、坐禅やヨーガの方が適しているかもしれません。ただ、坐禅などは、シンプルゆえの難しさがあります。只管打坐《しかんたざ》、ただひたすら坐る、というのがその方法ですから、これこそ「言うは易し、行うは難し」です。瞑想の本質を味わう前に、退屈さや窮屈さに耐えられず、早々に辞めてしまうかもしれません。それでは瞑想の本当の良さを体験することができません。

これに対して、動きのある瞑想は、比較的退屈しにくいという利点はあるでしょう。それがヨーガです。ヨーガの場合は、一つ一つのポーズにある一定時間は留まるものの、どんどんポーズは変わっていきます。この方が退屈さを感じずに済むかもしれません。

さらにいえば、武術の場合は常に動いていますから、退屈さを感じることはさらに減るでしょう。加えて、太極拳や空手の場合は武術ですから、武の術（アート）としての身体操作の妙も味わうことができます。

そして、このように動いている身体へは、私たちは比較的注意を向け続けやすい、という面もあります。じっと坐っていると、どうしても心はさまよい出します。これに対して、動いていれば、身体と呼吸に意識をつなぎ止めやすいわけです。ヨーガが様々なポーズをするのは、身体へと意識をつなぎ止めておくためですが、太極拳であれば、絶え間なく動作がつながっていきますので、意識が切れる隙間がありません。この点からも、太極拳は優れたマインドフルネス瞑想である、と言えます。

一方で、空手の場合、速く強く動こうということに専念してしまいがちです。速く強く動かなくてはならないと思うと、どうしても身体や呼吸へ意識を結びつけるのが難しくなります。動作をごまかしてしまったり、意識を飛ばしてしまったりしてしまいます。しかし、それでは、瞑想的にも、また、武術的にも、練度は上がりません。身体や呼吸への意識をより鋭敏にするためには、ゆっくりじっくりと動くことが適しています。

速く強く動こうとすると、より多くの筋力を使うことになります。ただそこにある以上に、力を要します。そのためにはそこに相当のエナジーを注ぐ必要が生じます。多量なエナジーの消費は、微細な身体の感覚を穏やかに観察することに向いていません。

マインドフルネス瞑想としても、とくにヴィパッサナー瞑想的には、できれば身体全体の細かな感覚に、同時に意識を向けたいわけです。万遍なく全方位的に意識を向け、それを感じたいわけです。そのためには、ゆっくりと柔らかく動かすことです。ゆっくり柔らかく動かすことで、その動きに伴う変化を味わうことができます。ミリ単位の変化を味わうことで、微細な変化に気づくようになります。身体感覚のみならず、身体をまとう空気の抵抗感や地球の重力を感じながら、自身の身体の重みや質感、骨や皮膚や筋肉を感じるようになります。

このように、外家拳としての空手をゆっくりと練ることで、武術として、また、瞑想として、練度が上がります。そしてやがて剛（外、硬、陽）と柔（内、軟、陰）とが一体となります。これを実践するのが「大人の」分析的稽古です。

第2部　感じる空手

第9章

尾骨・腰・腹
そして丹田

◉尾骨を巻き込む

スティーブは稽古の間、盛んに「尾骨を巻き込んで（Tuck the tailbone)」と言っていました。あたかも尾骨を尻（股）の間に巻き込む（しっぽを巻く）ように、腰（骨盤）を縦に回転させます。こうすることで同時に、腰が開きます。スティーブはこのとき「尻（腰）を開いて（Open the hips)」とも言っていました。とにかく稽古中は盛んに、「尾骨を見つけて（Find the tailbone)」「尾骨を感じて（Feel the tailbone)」と言っていました。尾骨を探して感じて、そして巻き込みなさい、常にそこを注意しておきなさい、と。

　こうして尻（腰）を緩めて尾骨を巻き込む身体操作は、太極拳の奥義である、いわゆるファ

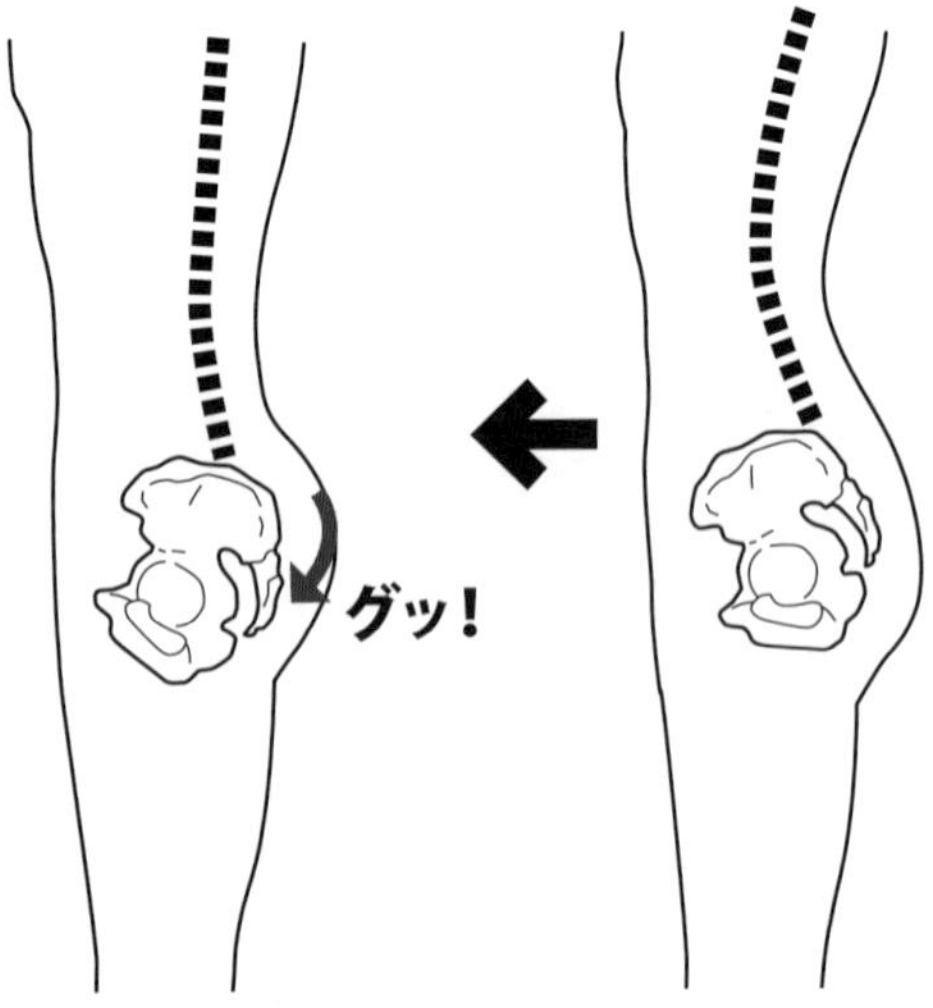

「尾骨を巻き込む」は、「骨盤を立てる」「尻（肛門）を締める」等と同じことを言っており、身体全体を統一する武術の奥義だ。

ンソン（放鬆）のことです。ファンソンとは、言葉としては「緩める、力を抜く、リラックスする」といったような意味ですが、太極拳では、腰と膝を緩めつつ、腹（丹田）に気を充実させている状態を指します。太極拳の奥義、と書きましたが、ファンソンは、意味や姿勢としては頭では分かりますし、大体こんな感じだろうというのはあるものの、これが正解だと完全に納得することは一生ないような気もします。それぐらい、常に探り続ける必要のある、微妙で深い操作だと思います。

尾骨を巻き込む、という言い方の他には一般的に、骨盤を立てる、臍を上に向ける、腰眼あるいは命門（というツボ）を開く、といった説明の仕方もあります。ちなみに、技法を説明するために用いられるこうした様々な表現は、「わざ言語」（生田久美子）と呼ばれます。この腰腹の使い方こそが太極拳のまさしく「要」ですので、様々な表現が尽くされているのでしょう。

太極拳の奥義と書きましたが、この身体操作は何も太極拳独自のものではありません。ヨーガにも同様な身体操作があるようです。そして実は、中国由来の武術である空手にとっても要となる身体操作です。

空手の場合、私の師である小林先生やその師である西田先生は、「尻を締める」（尻と太股を内側に巻き込んで前に絞り込む）という言い方をします。そして、「下腹に力を入れる」と言います。そうすると必然的に尾骨は挟み込まれます。骨盤が回転して立ちます。臍が上を向きます。結果として、膝も緩みます。膝を緩ませないと、そもそも、この動作ができません。

西田先生はしかし、骨盤を立てすぎたり、回転しすぎたりと、なにも大げさにやる必要はない、とも言っていました。つまり、第一に、骨盤を後傾させるほど回転してはいけない、ということです。そして、第二に、空手は締めることをまず学びますが、この腰腹の操作において、究極的には、締めつつも緩めるようにする、ということです。スティーブもやはり同じように、腰を丸めすぎてはいけないと言っていました。尾骨を巻き込み、下腹を少し上向きにさせるのだ、ということでした。

◉地面からの力を伝える腰と腹

これはもうすでに色々なところで色々な人に言い尽くされていますが、やはり、武術の要は、腰と腹です。スティーブは、腰と腹こそが太極拳のtreasure（宝）だと言っていました。

具体的には、サンチンのときの腰腹の操作が最も分かりやすいかと思います。サンチンは那覇手の奥義が込められた形ですが、そのサンチンはまさに、この腰腹の操作を丁寧に練る形でもあります。息を下丹田に吸って入れ、吐いて締めるとき、腹圧を上げて尻を締め上げ、骨盤を立てます。基本的には締めていますので、同時に緩めることは非常に難しいですが、腰腹の操作としては太極拳のそれと全く同じです。術の練度を上げていく中で、締めながらも緩めることを目指していきます。

一方で、首里手の場合、例えば、首里手の奥義が込められたナイファンチの場合はどうでしょうか。ナイファンチでは腰を立てるのではなく、あえてやや反り気味になった状態を良しとするやり方もあります。しかし私としては、サンチンのように、骨盤を立てた方が良いのではないかと考えています。

というのも、この腰の操作は、例えば、地面の力を下半身から上半身へと効率的に伝えるためだと思われるからです。攻防において私たちは、ある瞬間において、地面と相手（敵）に物理的に接触するわけですが、このとき、腰が反っているよりも（骨盤が前傾しているよりも）、骨盤が立っている方が、地面と相手（敵）からの力を受け止めやすいのではないかと考えられます。力は必ず腰腹を通ります。つまり、地面の力を相手へ流し、相手からの反動を地面に流しやすいのではないかと、身体感覚的には理解しています。

これは、空手の競技選手にいえますが、審判に対してできるだけ姿勢を良く見せようと（その方が美しいとされて評価が高いので、試合に勝ちやすいから）、グッと腰を入れて（骨盤を前傾させて）、見事な「出っ尻」にして形を演じているのをよく見かけます。しかし、あまりにも尻を出しすぎる姿勢では、上半身だけに頼った力しか出せません。地面から得た力を下半身から伝えることができませんし、上半身で受けた力を下半身に流すこともできません。つまり、上半身と下半身が割れてしまっているのです。

そうではなく、腰腹を中心に、地面からの力を身体全体でぶつけなければなりません。逆に相手からの（反動を含む）力を受け止めなければならないときには、腰腹で受け止める必要があります。また、相手の力を正面から受けずに流すにしても、上半身だけで流そうにも、腰腹を中心に軸ができていないと流せません。

このように、あらゆる攻防を腰腹で行うべきですから、そのためには、やはり、腰が前傾しないように心がける必要があります。それが中国由来の武術の奥義であり、太極拳も然り、空手も然り、なのです。しかし、ここのところが武術的に一番難しいところです。言葉ではなんとなく分かるものの、身体感覚的にここの操作をひたすら練っていくことが、まさしくスティーブの言う通り、武術的な「宝」を探す旅となることは間違いありません。

◉身体の二つの中心

スティーブは、「身体の中心（center）は二つある」とよく言っていました。どういう意味かといいますと、身体の物理的なバランスの中心が尾骨であり、意識を集中する（エナジーを溜める）精神的な中心が丹田である、ということです。

身体的な操作としては、尾骨を見つけて、尾骨を感じつつ、動作をし続けます。尾骨が身体の軸やバランスを支える中心であり､尾骨を頼りに身体をコントロールしていきます。太極拳の(身体操作的な面での）神髄は尾骨である、ともスティーブは言っていました。つまり、尾骨をガイドにして、ゆっくり丁寧に身体を操作していきます。そうすると、自然に、身体全体の軸が安定します。

ゆっくりとした動作の中で、がむしゃらに安定しようと思うと、つい、足に力が入ったり、上半身のバランスが崩れたりします。そうではなく、尾骨を見つけて、尾骨を感じながら、尾骨を巻き込みつつ、尾骨を中心に身体を動かします。言い方を変えると、尾骨を中心に据えて、そこから身体全体を感じるわけです。今ある身体の状態を尾骨中心に再構成するわけです。静かに動く身体を、尾骨を軸にして捉え直します。こうすると、自然に安定感が生まれ、身体全体に統一感が生まれ、動きにまとまりが生まれます。

このことをもって、スティーブは「身体への意識として、９割は尾骨に、残りの１割で手足を動かす」とも言っていました。尾骨を中心に、手の指先から足の指先までがつながっている感じを意識します。尾骨を中心に、四肢が同時につながって統合的に一体として協働している感覚を意識します。その感覚を保ちながら、やさしく、柔らかく、リラックスして動きます。これが太極拳です。

もう一つの中心が、丹田です。精神（意識）の中心は丹田であり、ここに呼吸（息、エナジー）が出入りするようにイメージします。つまり気（生命の源）が溜まる、あるいは、ここを中心に全身に気が巡るようなイメージを意識します。エナジーは、足の裏の「湧泉」というツボや（道家は「踵」で呼吸する、という表現もします）、手の平の「労宮」というツボから出入りするイメージです。地のエナジーを湧泉から、天からのエナジーを労宮から、入れていきます。息を吸うと同時に良いエナジーを入れ、息を吐くと同時に悪いエナジーを出します。こうして、四肢の先から手足を通って下腹までエナジーが出入りします。

こうすることで、身体全体を意識し、観察することができます。同時に、天地と自分が一体化します。まさに「天地人」の合一です。坐禅では、坐りながら、呼吸を観察し、身体を観察し、ひいては今ここの世界と自分がつながっている、つまり、「尽一切自己」の境地を目指します。しかし、ただ坐りながらこれを観ずるのは、非常に難しいでしょう。シンプルですが難しいです。これに対して、呼吸を使って、手足を通して全身に天地の気（エナジー）が巡るイメージは、比較的取り組みやすく、

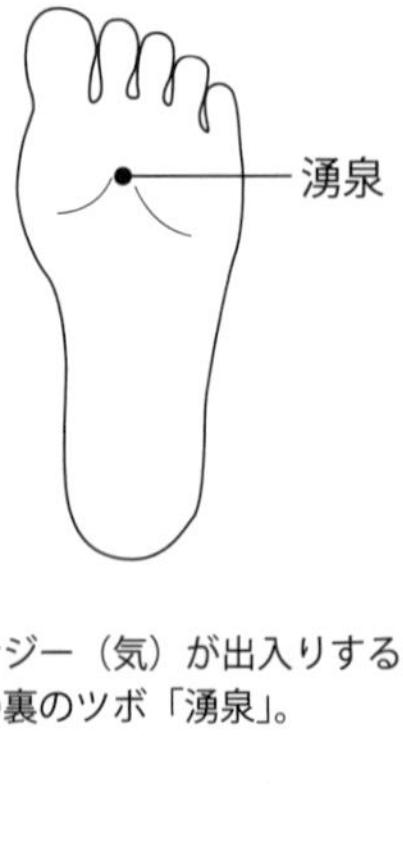

エナジー（気）が出入りする
足の裏のツボ「湧泉」。

また、体験的にも分かりやすいのではないかと思います。

丹田に意識の中心を据えて腹式呼吸をするのは、空手も同じです。骨盤を立てる身体操作も同じです。そこで、空手家諸氏の皆さんには試しに、尾骨（骨盤の傾斜）を意識しつつ、呼吸を手足と丹田ですることを意識しながら、形を練ることをお勧めします。こうすることで、腰腹への意識が高まります。そして、さらにはこのとき、締めつつも緩めることを心がけてみてください。

◉尻を緩める

締めつつも緩めることとは、とにかく、非常に難しい身体操作だと思います。こう話している私自身も、まだまだ体得しているとは到底言えません。腰腹の操作は、武術の宝であり、ここを探る旅こそが武術稽古の醍醐味でもあります(探検の旅ですから、宝がそう簡単に見つかってしまっては面白くありません)。

太極拳も空手も、その腰腹の使い方として共通して骨盤を立てます。このとき空手は、尻と太ももの裏を締めます。締めた力を内股から螺旋状に巻いて絞り上げることで、前傾している骨盤が立ちます。すると自然に下腹が少し上にせり上がります。スティーブの言い方でいえば、尾骨を股に巻き込みます。状態としては同じです。

しかし太極拳はこの状態を維持するにあたって、尻や太ももは締めません。締めずに、むしろ積極的に緩めることを目指します。あえて意図して緩めます。意図して緩めるということは、意図しないとつい力が入ってしまうからです。ある状態を維持しようとすると、つい力が入ってしまうものです。尾骨は巻き込みますが、尻は柔らかくします。いわゆる、「お尻のほっぺた（butt cheeks)」の筋肉を緩めておく、とスティーブは教えていました。

西田先生は、「高段者ともなれば、締めながら緩めるのだ」と言います。空手としては、締めることがまずもって重要であって、そうやって空手の身体操作の基礎を学びます。その上で、さらに空手的身体を練り上げていくには、そこから身体を緩めなければならない、ということです。締めながら緩める。相矛盾するテーゼを同時に成立させる、まるで禅問答のようであることは前にも話しましたが、陽でもあり陰でもあるこの状態を、空手家としては目指したいものです。

そんな話を以前スティーブにしたら、「空手にしても中国武術にしても、だいたい武術の多くは力を込めるものが多い中、修行を積むことで最終的には緩めるところに辿り着き、柔らかく力を抜く奥義へと至る話が多い」と言っていました。まさにその通りです。外家拳の奥義は内家拳にあります。

もうお気づきかと思いますが、太極拳は、その奥義を、ごく当たり前のように最初から実践しているのです。一切遠回りをせず、ストレートに、奥義を練っているわけです。この余りの明快さに、私はスティーブからそのことを言われて、愕然としたことを覚えています。人間というのは、頭でっかちなので、何でもつい難しく考えすぎてしまいます。眼には見えているのに、あまりに当たり前すぎると、まったく気がつかないものです。

しかし、なぜ多くの人が多くの場合、締めたり力を込めたりすることをまずやるのかというと、徒手空拳で格闘することを考えた場合、動物としてまず、力を込めることをするのが自然だからです。そこがまず、ある意味、格闘術としての武術を修得する上での分かりやすい身体の基本的な操作だからです。そのため、武術を志そうと思い立った人の大半は、まずは外家拳をイメージしますから、そこから入るのは自然なことです。

その上で、より効果的に力を発揮する（エナジーを生み出して伝えたり、流したりする）ためにはむしろ逆に緩めておく、ということを理解しなければ、最初からただ緩んでいても、相当な武術的センスがなければ、奥義としての武術の本質には辿り着きにくいと思われるからです。

もちろん、何かのきっかけで太極拳から始めた人が、やがて奥義としての外家拳に気づくこともあるでしょう。しかし、それはそれで、武術家として相当な師の下で正しく導かれなければ、なかなか行き着くものでもなさそうです。仮に、始めた当人は武術としての太極拳を志していたのだとしたら、良き師の下で習わないとせっかくの武術の要諦に気がつかず、多くを見過ごすことになる場合もあるでしょう。これはこれで、遠回りです。

結局のところ、どの道を辿ろうと、武術の核心へと至る近道など存在しません。内家拳（太極拳）が奥義だと理解できるのは、外家拳（空手）を徹底的に練っているからであり、逆に、外家拳が奥義だと理解できるのは、内家拳を徹底的に練っているからです。

◉「静かな筋肉」を使う

太極拳は、緩めるといっても、完全に脱力するわけではありません。動くわけですから、それなりに全身の筋肉を使います。全身をリラックスさせるといっても微かな筋緊張は全身に生じているわけです。特に、太股の筋肉ははっきりと使います。ここだけは明らかに使っていると、スティーブの師であるＰ・Ｙ・パン先生の著書『On Tai Chi Chuan』（Azalea Press）にも書いてありました（このパン先生は、かの有名な董英傑の直弟子です）。

こうして、使う筋肉は使いつつ、やさしく柔らかく、リラックスして動くのが太極拳の身体感ですが、それを促す身体的イメージを、スティーブはいろいろな例えで教えてくれました。言わば、締めながら緩める、そのイメージにもつながるのではないかと思います。それをいくつか挙げてみます。

・静かな筋肉　quiet muscle
・猫のように　like a cat
・獲物を狙う虎のように　like a stalking tiger
・寝ている赤ちゃんを起こさないように　like not waking a sleeping baby
・羽毛のように　like a feather
・海の中のタコのように　like an octopus
・無重力状態のように　like being in zero gravity

特にスティーブが好んで使った例えが、「獲物を狙う虎のように」と「寝ている赤ちゃんを起こさないように」でした。集中して一定の身体的緊張は保ちながらも柔らかく静かに動かすことの例えとして、虎が獲物を見つめ距離をじわりと詰めていくその様子に、あるいは、抜き足差し足で寝ている赤ちゃんの横を通るその様子に、見立てているわけです。

「尻（のほっぺた）を緩めていなければ、獲物を狙う虎のように動けないでしょう、だから、緩めなさい」ということです。太極拳は無駄な力を使いません。しかし、師の通りに動こうとすると、どうしても力が入ってしまいます。スティーブも、師であるパン先生から「力を使うな！」とよく言われて、最初は意味が分からなかったそうです。だからこそ、誰にとっても、ここの身体感覚を探すのが、武の旅となりえるのです。

そして、その身体感を一言で述べた言葉が「静かな筋肉」です。太極拳は、静かな筋肉を使うのだと、スティーブは言っていました。筋肉は使っています。しかし、それを静かに使うのです。そうして身体を静かに使いながら、尾骨を見つけ、感じ、巻き込んで、腰腹を軸に身体のバランスを保ちつつ、丹田を充実させていきます。これが太極拳です。

この、尾骨から腰腹そして丹田に関する要諦はまさに中国武術の極意ですが、中国武術由来の空手にも同じことが言えます。ゆっくりと動くことで、ここの身体的操作をじっくりと観察しながら分析的に味わってみてください。

第2部　感じる空手

第10章

根と芯

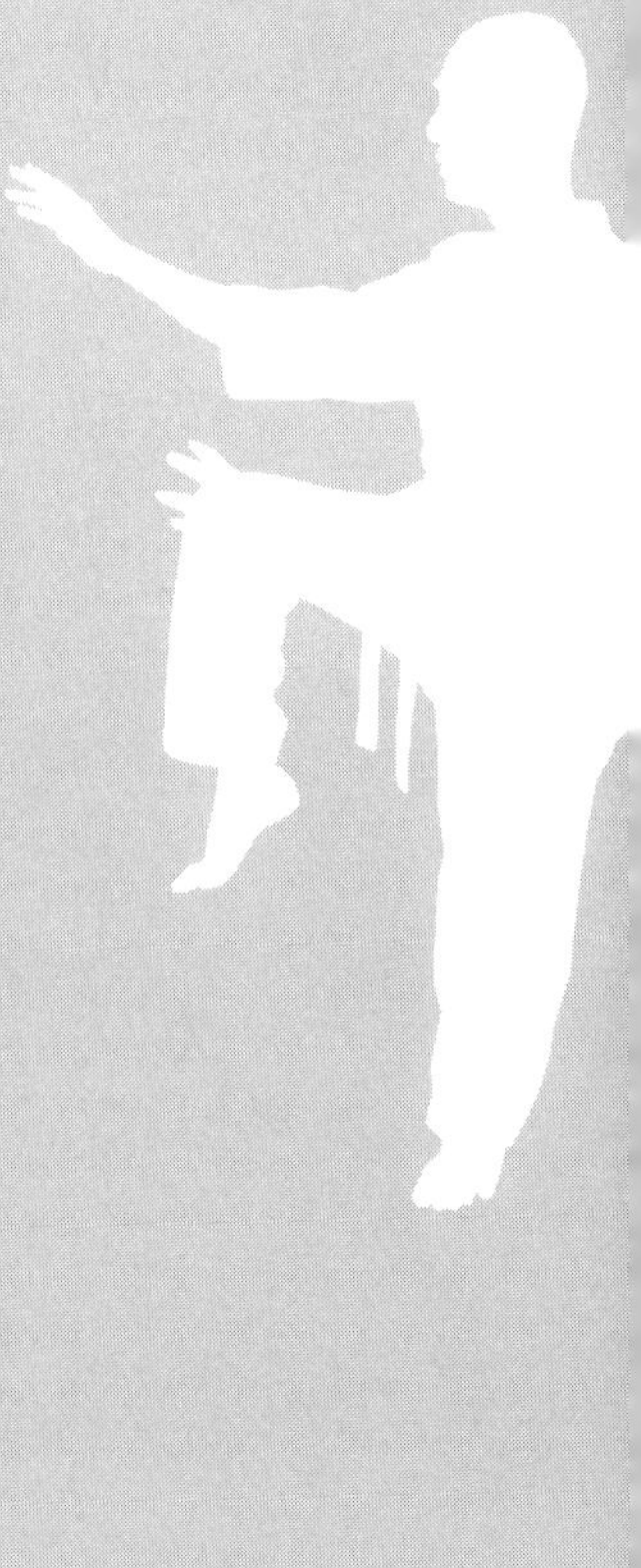

◉尾骨と軸で無重力になる

前章では、尾骨と腰腹、そして丹田についてお話ししました。身体の軸あるいは芯は、尾骨を捉え感じながら、骨盤を縦に回転して立てて（通常の状態よりもやや後傾させて）、これに背骨（腰椎、胸椎、頸椎）の一つ一つが力を使わずに自然に乗っかっているような状態でもって、できあがります。

力を入れて無理に真っ直ぐになろうとしてはいけません。自然に軸を感じていくようにします。曹洞宗の藤田一照師はその著書『現代坐禅講義』（佼成出版社）の中で、こうした自然な立ち方を、強為《ごうい》ではなく云為《うんい》で立つと言っています。

ただ、これは言葉では簡単ですが、実際にやってみるとそう簡単ではありません。尾骨の巻き込みが甘かったり、逆に巻き込みすぎて骨盤が後傾しすぎたりしてしまいます。そして、ちょうど良いところで保とうとすると、どうしても力が入ってしまいます。ここに力が入ると、身体全体が強ばってしまいます。まったく意図してないのに、つい力が入ってしまいます。だからこそ、「お尻のほっぺた」を緩めるように、という教えもセットになっています。

さて、このようにしてなんとか尾骨を中心に軸がしっかりとできると、まるで無重力（Zero Gravity）のようになる、ともスティーブは言っていました。尾骨を中心に、自然に背骨が重なり、足(踵)に体重がしっかり乗る感じです。しっかりと軸を作り、体重を片足に乗せると、まるで無重力のように、その他の四肢は自由に動きます。

この感じをスティーブはよく、金鶏独立のポーズで示していました。金鶏独立で立てば、概ね尾骨は踵の上に位置します。またその際、足の指先の方に力を入れないように、とも言っていました。この場合、踵で立つというのは、尾骨を中心に姿勢を真っ直ぐにして、重心が踵に乗る、という意味です。それが片足で立ったときの太極拳の正しい姿勢だ、ということです。これについては、スティーブの師であるパン先生の著書にも、踵で立つ、踵をしっかり地面につける、というようなことが書いてありました。また、この「踵」を大地につけるという考えは、道教瞑想における「踵で呼吸する」という教えにも通じています。

スティーブ先生の金鶏独立。尾骨を中心にして、背骨が重なって自然に乗る。

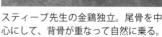

◉足指で地面を掴まず、踵で立つ

大地としっかりつながるために、踵をしっかりと大地につけます。これが武術の基本です。動作中の移行段階で踵が浮くことはありますが、基本的には踵はしっかりと地につけます。

以前、ある先生から、空手は指先で大地を掴むように立つ、と教わったことがありました。たしかに、足の裏で掴むように立つことは、空手において最初に習う立ち方のコツかもしれません。クリス・ワイルダー氏の著書『三戦の「なぜ？」』（ＢＡＢジャパン）に説かれているサンチン立ちにおける足の操作の仕方からも、この、言うなれば大地を掴むように立つ感じが読み取れます。

ただ、小林先生や西田先生は、高段者ともなれば、そのようにして掴むほど（がっちりと）立つことはない、と言います。西田先生など、動作中、ほとんど足音が聞こえません。それはおそらく、足の指で強く床を掴んでいないためです。これもまた、奥義が太極拳に近づく証拠の一つです。足の指先の方に力を入れないようにという、スティーブの教えと一致します。

◉大地とつながる（グラウンディング）

踵で立つというのは、踵で呼吸するという道教の教えとつながるとお話ししましたが、道教的には、大地の気（エナジー）を、足の裏から取り込むイメージで瞑想します。足の裏の湧泉のツボ（１３０頁図）は、踵というよりはもう少し足の前の方ではありますが、いずれにせよ、足の裏から気が出入りするイメージです。

こうすることで、大地にしっかりとつながる感覚が得られます。空手の場合、最初は足の指で地面（床）を掴むように言われますが、今お話ししたように、高段者になれば、がっちり掴むよりも、もっと足の裏を感じながら、大地とのつながりを観察した方が良いでしょう。足の裏にがっちり力が入っていると、微細な感覚を感じ取ることができません。また、当然、力の入れすぎは、いわゆる居着いた状態になってしまいますので、稽古が進むにつれて、柔らかく大地を感じ取ってつながるようなイメージの方が、立ち方としてはより自然と言えるでしょう。

なお、太極拳と空手の形（套路）の特徴の違いに、空手は比較的両足を同時に地につけている時間が長いのに対して、太極拳は同時に両足をつけるときがあまりありません。常に、どちらかの足に体重が乗っています。乗っている方の足を「実」（陽）、乗っていない足の方を「虚」（陰）と言います。体重が乗っていない足は、地面から離れていることが多いです。太極拳はそうして、重心が交互に入れ替わり、陰陽が流転します。そのため、太極拳ではより踵に体重が乗っている感覚が多いのも確かです。

太極拳家がよく行う有名な気功に、「スワイショウ」というものがあります。いわゆる「でんでん太鼓」のように、腕を交互に身体に巻き付けるように脱力して振るエクササイズです。このスワイショウは両足をつけて行いますが（振りながら片方の足の踵が浮くようにするやり方もあります）、交互に重心移動するので、虚実（陰陽）を交互に繰り返しますから、この点は太極拳の動きと同じです。このスワイショウをすることで、尾骨を中心とした身体の軸が決まり、大地としっかりつながる感覚が得られます。

ただ、片足（実・陽の足）で立つことが本質ではありません。本質は、大地とつながって、足の裏から大地のエナジーの出入りを感じることです。そういうイメージで形（套路）を練る、ということです。ですので、いわゆる「站椿《たんとう》」という立ったままの瞑想（立禅とも言われます）は、両足で立ちますが、これはまさに、全身を観察しながら大地とのつながりをじっくり感じることができる、極めて優れたエクササイズです。中国武術の究極形（最終進化形）とも言える王向斉の創始した意拳は、この站椿を稽古の中心に据えています。中国武術の真髄・奥義を徹底的に突き詰めていくと、最後はここに辿り着くだろうという可能性の一つの証です。

大地とつながるコツは、踵で立つイメージや足の裏で呼吸するイメージですが、さらに能動的に感じるためにしばしば言われるのが、大地を押すように、という教えがあります。西田先生は以前、前蹴りをするときは、蹴り足自体は相手（敵）を蹴るが、軸足は軸足で地面を蹴るようにするのだ、と言っていました。スティーブもまた、地面を押すようにと言っていました。そして、

『日本一分かりやすいマインドフルネス瞑想』（ＢＡＢジャパン）の著者で、クリパルヨガの講師であり臨床心理士でもある、松村憲さんと対談をしたとき、松村さんも「足の裏で地面を押すように立つ」と言っていました。

そして、こうして大地とつながりますと、逆に、大地に支えられている感覚というものが得られます。これについては以前、日本マインドフルネス学会のワークショップで、高野山大学の井上ウィマラ先生が、「大地に支えられるように立つ」というようなことを言っていました。押せば返ってきますので、地面を押す感じが反転して、逆に自分が支えられているように感じるのではないかと思います。この、支えられている感覚が、心の安定に不可欠である、ということです。これはまた、ボディワークやソマティックス系の療法でいわれる「グラウンディング(grounding)」という考えとも一致しています。

◉根を張って立つ安心感

この、大地に支えられている感覚というのは、とても大事な感覚です。私は、大学での授業や研究会で、「無極で立つ法（Wuji Standing）」というのを教えています。いろいろなエクササイズの最初の方に行う技法ですが、これは要するに、ただ単に真っ直ぐに立つ、という瞑想です。

技法の詳細や背景となる理論は、拙訳書『タオ・ストレス低減法』を参照ください。また、第4部でも改めて詳しく紹介します。

このとき、エクササイズの教示では、ロバート・サンティ（シャミナード大学心理学教授）に教わった通り、大地に根を張るように、と教えます。自分が木になったつもりで、頭は太陽の方に向かって伸びていくように、一方、足の裏から根が生えて大地に伸びていくように、と教示します。これが、大地とつながる、あるいは、大地に支えられるイメージと重なります。

スティーブのところに来ていた常連のリリアン（たしかそのとき84歳だと言っていました）が、なぜ自分は太極拳をするのかというと、簡単に言えば、足腰をしっかりさせるためだということを話していたのですが、そのときに使った単語が、rootでした。まさに、しっかり根っこを張って立つためだ、ということです。

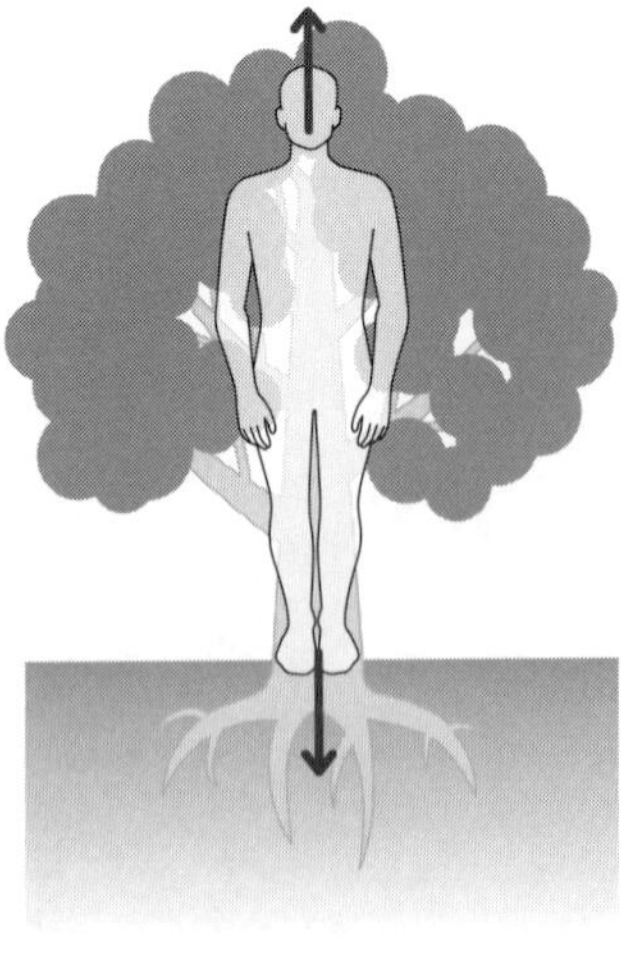

無極で立つ法。頭は天の方に、足は地の方に伸びていくような意識で、真っ直ぐに立つ瞑想（228頁～詳解）。

この、根を張る感じがまさにグラウンディングそのものであり、站椿や無極で立つ法は、立つだけの瞑想として、これをそのまま実践するエクササイズと言えます。一方で、太極拳や空手も、立つことが稽古の中心であり、そこでは身体の軸や芯を感じながら、しっかりと足の裏でグラウンディングしていくことが重視されます。今ここに私はいる、私は今この場所に間違いなく立っているという感覚が、心の安定につながります。根っこを張っている感覚が心の錨《いかり》となって、安心感を抱くことができるのです。

◉身体の根と芯をありありと感じる

太極拳や空手ではこのように、身体に根あるいは芯を持つことが必然的に求められます。武術として、尾骨を感じながら、下丹田のある腰腹を中心に意識を集中させ、下半身である2本の脚で地に安定して立ち、そこに柔らかく上半身を乗せます。それは先ほども例えてお話ししたように、大地に根を張りつつ、空に向かって伸びていく、木や草花といった植物のようなイメージです。幹あるいは茎という中心軸が1本の芯となり、下へ向かってしっかり根を張り、上へ向かって自由に伸びていきます。

もちろん、根を張ると言っても、武術的には、居着いて動かなくなるということではありません。武術的な身体操作としては、あくまで技を掛ける際に崩れない安定性を持つということです。

武術はこうして、身体の根や芯を練っていきます。練るということは、感じるということです。自身の根や芯を作り、感じ、鍛え、育て、養い、磨き、練ることが、武術の稽古という実践です。

そしてこの、自身の根や芯をありありと感じる状態こそ、今ここにマインドフルにある状態でもあります。腰腹を中心に、軸をもって今ここにある感覚をありありと感じるようにします。足の裏で大地とつながって根を張っている感覚をありありと感じるようにします。これが、マインドフルネス瞑想としての武術であり、この感覚を大切に味わいながら練るのが「大人の稽古」です。

第2部　感じる空手

第11章

音楽と鏡

◉五感から入力される情報をただ観察する

何事においても、五感を大切にしましょう、というのはよく耳にする言葉です。その意味するところは多くの場合、せいぜい、感受性豊かに取り組みましょう、という程度ではないかと思います。

一方、武術的には、例えば、敵と相対するとき、いわゆる視覚・聴覚・嗅覚・味覚・触覚の五感を考えた場合、おそらく味覚以外は即座にそのままその場の戦闘に役立つことは確かです。視覚や聴覚や嗅覚や触覚を研ぎ澄まして外敵の気配を読む、ということです。見えたり聞こえたりはもちろん、匂いや空気の流れもまた、気配の一つとなりえます。さらには、武術というものを戦国の世のサバイバル術という意味まで広げれば、盛られた毒を察する味覚の鋭さもまた、戦いの内と言えるかもしれません。

いずれにせよ、こうした五感を大切にすることは、そもそもマインドフルに今ここを生きる上で、最も重視されるポイントです。私たちはつい、自動的に生活してしまいがちであり、見えているのに気がつかない、聞こえているのに気がつかない、香りがするのに気がつかない、味わいがあるのに気がつかない、触っているのに気がつかない、ということがしばしばあります。過去や未来のことばかりに頭が行ってしまっていますと、今ここで起きている身の回りの環境の豊かな現在に、まったく気がつかずに過ごしてしまっていることが多いのです。生とは今でしかないのに（生きるとは今ここを生きることなのに）、頭の中はつい、過去や未来にばかり生きてしまっています。

ですので、マインドフルネス瞑想と、瞑想によって育まれる生のあり方では、この五感を大切にします。大切にするということは、そうした五感から入力される感覚をよくよく観察する、ということです。

五感とは、私たちの感覚のことですが、その感覚で知り得ているのは、外部の物事です。何かが見える、何かが聞こえる、何かが香る、何かの味がする、何かが触る、というように、五感によって知り得ているのはその「何か」です。マインドフルネスでは普段から、今ここにあるその「何か」をありありと感じましょう、という生き方を求めます。

そして、この「何か」によって、様々な感情や思考が生じます。マインドフルネスでは、そうして生じた感情や思考があれば、それもまた同じように観察するようにしていきます。ここで注意すべきは、その感情や思考をなるべく評価しないことです。善し悪しの価値判断をしないことです。評価や価値判断をすると、そこからまた別の感情や思考が連想ゲームのように膨らんでいきます。つまり、ただ観察しているつもりでいながら、気がつかないうちにそこで生じた感情や思考にどんどん引っ張られて（囚われて）、知らぬ間に過去や未来のことにすっかり思いを寄せている、ということになってしまいます。マインドフルネス的には、そうならないように注意しなければなりません。

なお、仮に引っ張られてしまっても、自分にダメ出しはしないでください。それはそれとして、引っ張られていたことに気がついたら、「引っ張られたなぁ」とただ事実として受け止めるだけで、また再び、豊かな五感をオープンにして、それによって感得できる外部の物事やそれによって生じる内部の変化（身体感覚、感情、思考）を、価値判断することなく、ただ観察します。これをひたすら続けます。それがマインドフルネスです。

◉瞑想という特別な時間を作る

マインドフルな生活、マインドフルな生き方というのはこの通りですが、そうしたマインドフルネスをもう少し集中して丁寧に練る稽古が、いわゆる瞑想です。生活すべてをマインドフルに過ごせば、それはすなわち生活そのものがマインドフルネス瞑想であり、実際そうしていくのです。

ただ、いきなりマインドフルに生活しましょう、といわれても難しいものです。そこで、1日の生活の中に1回は、特別にマインドフルネスを集中して練る時間を設けるわけです。つまり、特別な「瞑想する時間」を作る、ということです。稽古が進んでも、定期的に瞑想の時間は確保します。そうすることで、ますます普段のマインドフルな生活に磨きがかかります。

瞑想をする場合は特に、静かで清潔な場所に坐るなどして、まずは、呼吸や身体の様子に意識を向け続けたり、感情や思考の起こりや変化を観察したりすることを丁寧にしていきます。そうした心身の微細な感覚に意識を向けていると、内外の境界が段々とあいまいになっていきます。そうしていく中で、五感をオープンにして、外から聞こえる音や肌に触れる空気の流れなども豊かに感じるようにしていきます。すると、内と外の区別がなくなり、自然（世界）と一体化します。こうして、自分の今いる世界すべて（法、ダルマ）を観じていきます。これが瞑想です。

◉自己が内外の環境と一体化する

瞑想はこのように身体の内側から感じていきますが、実は武術もこれと全く同じです。これまで、武術の稽古もまたマインドフルネス瞑想だということは、何度もお伝えしてきました。例えば、空気や道着が肌に触れる感覚、足の裏が床に触れる感覚、重心（中心軸）を意識しながら感じる重力の感覚、骨や筋肉の位置や角度の感覚など、身体の感覚を鋭敏にして観察するのが武術の稽古です。

このように、稽古で特に重視したいのが、内的な身体感覚です。五感によって生じる感覚もすべて自己の内部で生じる感覚には違いありませんが、五感によって知り得る情報は外部にある（外部で起こっている）物事です。こうした五感は、専門的には「外受容感覚」と呼ばれます。これに対して、内的な身体感覚のことを「内受容感覚」と言います。

つまり、稽古では、外部から入力されて生じる感覚情報（によって知り得る外部の環境）も大切ですが、まずは内的に生じる感覚情報（によって知り得る身体内部の環境）に注意を向ける、という意味です。敵と対する武術ですから外に何があるか（何が生じているか）を感じ取ることはもちろん重要ですが、空手や太極拳のような一人稽古を中心とする武術の場合は、身体の内側で何が生じているかを特に重んじる、ということです。空手の師である小林先生や西田先生、そして太極拳の師であるスティーブも、この、（外からどう見られるかよりも）自分が内的にどう感じているかの方がいかに重要かを、何度も繰り返し説いています。

なお、広い意味で「身体感覚」といった場合には、内受容感覚である「内臓感覚」と「深部感覚（固有感覚）」（筋骨格系に関する感覚）の二つに加えて、身体表面の「皮膚感覚」も含めた三つを指すことがあります。身体の感覚を練る術である武術では、主に、この三つからなる感覚を研ぎ澄ましていくことが、稽古の中心になってきます。

筋肉や腱や関節に関する感覚である深部感覚（固有感覚）は、身体の術である武術ですから当

外受容感覚

○視覚
○聴覚
○嗅覚
○味覚
○触覚

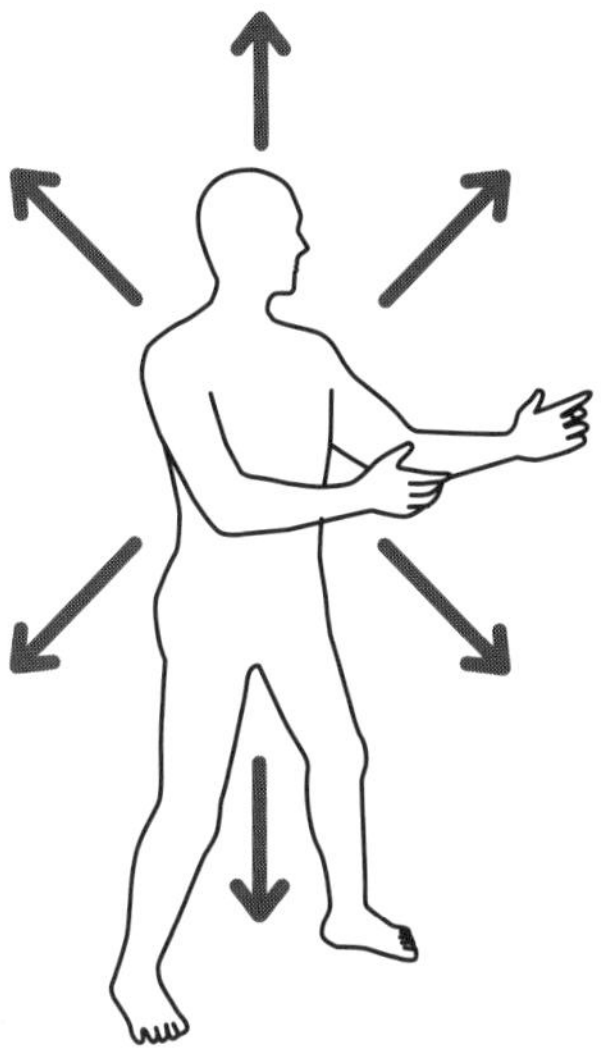

内受容感覚

○内臓感覚
○深部感覚

＋

皮膚感覚

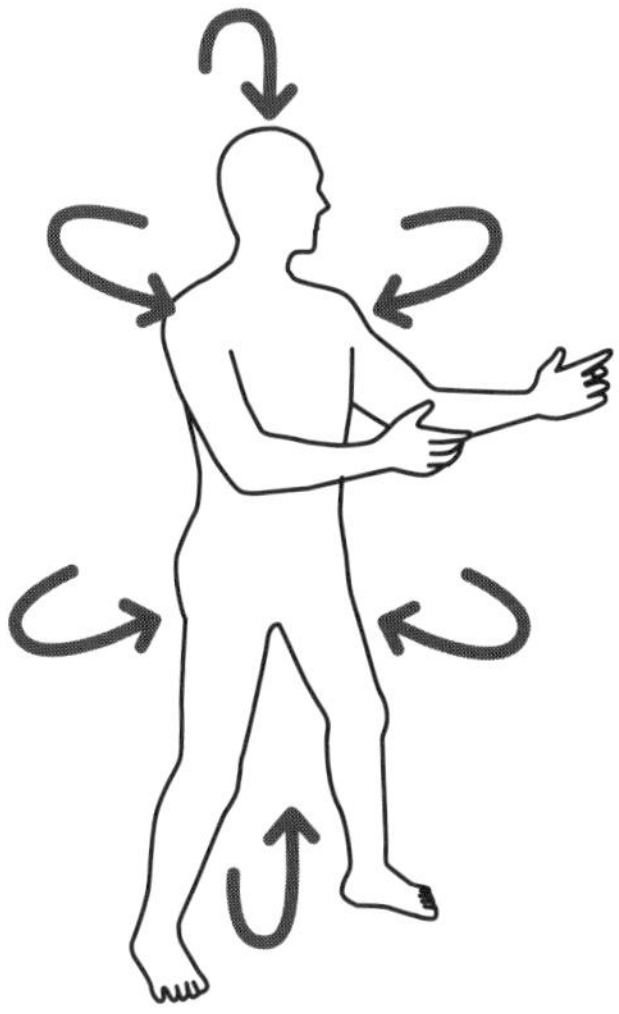

然ながら重要です。また、内臓感覚については、空手や太極拳のように呼吸を重視する術の場合、腹式呼吸による腹腔の動きを中心に、内臓や肺を感じますし、ひいては心臓の鼓動などにも注意が向くようになるでしょう。皮膚感覚も当然、武術は相手（敵）と相対して触れ合う術ですから、特に徒手空拳の空手や太極拳では、重要な感覚です。もちろん武器を使った剣術や棒術とて、そうした武器（道具）は、いわゆる「拡張自己」としてやがて自己の一部となりますから、剣や棒が触れる瞬間は自己の身体の一部として皮膚感覚的に感じられます。

なお、皮膚感覚は体表面の感覚であり、外部からの入力情報を感じる触覚が主です。触覚は先に述べた五感の一つですから、その感覚とは、要するに、入力されることによって知り得た外部の物事（外部環境）です。ただ、ここでは、その外部環境そのものにマインドフルに注意を向けるということではなく、外の刺激によって身体内部に生じる感覚の違いや変化に意識を向ける、ということを意味しています。

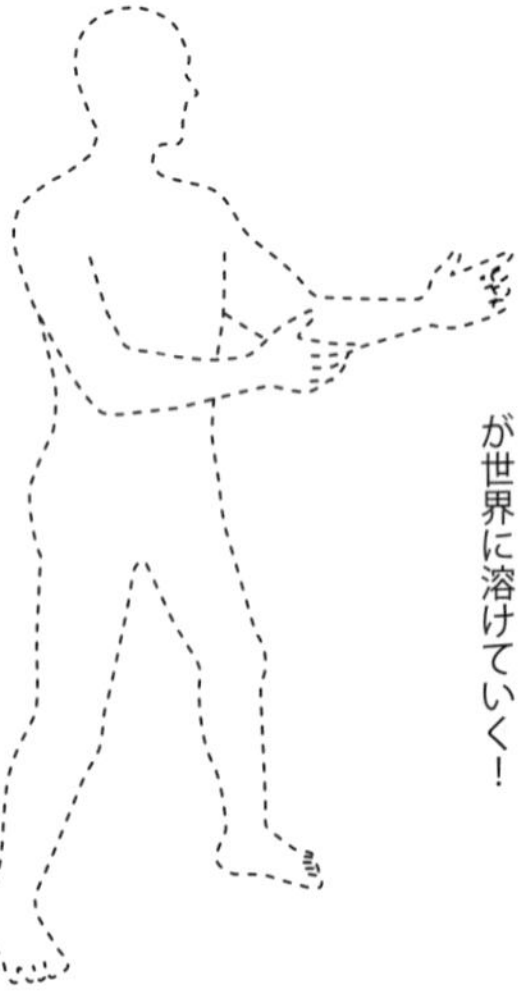

身体外部・内部への微細な感覚を養えば、やがて外と中の区別がなくなり、自己が世界に溶けていく！

こうして、身体の微細な感覚への意識を練ることで、やがて内外の境界は曖昧になります。呼吸を通して外と内がつながります。つまり、内部環境と外部環境の区別なく、全方位的に意識を万遍なく向けている状態になっていきます。皮膚という境界面を超えて、自己が世界に溶けていく感じです。自己はなくなって世界そのものとなり、自然（天地）と一体化します。

◉身体への気づきが心を調える

武術の稽古そのものは、こうして身体内部の内臓や筋骨の感覚をとても大切にします。そのようにして自己の身体内部の感覚を研ぎ澄ましていくと、やがて外部の刺激によって生じる様々な入力情報（五感を通して知り得た外部環境）による身体の変化を、敏感にキャッチできるようになります。これは武術的に見ればおそらく、敵の気配を察する力を養うことを意味するでしょう。

私たちは外部の情報に刺激されて、それをきっかけについあれこれと考え始めてしまいます。第5章で詳しく説明しましたが、このようにあれこれ勝手に（自動的に）考えてしまうことをマインドワンダリング（心のさまよい）と言います。こうして駆け回る心を、仏教では、「意馬心猿」と呼んでいます。英語ではpuppy mind（子犬のような心）だとかmonkey mind（猿のような心）と表現します。子犬や猿のように忙しなく騒がしい心、という意味です。そして、残念なことに、私たちのあれこれとさまよう心の中身は、得てしてネガティブな内容になりがちです。これに対して、瞑想を続けることで、早め早めに身体感覚の変化をキャッチできるようになると、その変化に意図せず巻き込まれる（囚われる）ことが減ります。

今ここを味わう、という意味では外部から入力される感覚情報（五感を通して知り得た外部環境）は大切です。それは、外部で起こっていることに気づくという意味での大切さです。ただ、何度も繰り返しますが、それに囚われてしまってはいけません。囚われないようにするためには、客観的に落ち着いて観察する力が必要です。

五感によって入力された情報は、必ず何らかの身体感覚を生じさせます。例えば、心臓がドキッとしたり、筋肉が強ばったり、胃の辺りがキュッと縮んだり、息が苦しくなったりします。人によってその反応や感覚は様々ですが、いずれにせよ、何かしらの身体的な変化が生じます。この微細な変化に敏感になることがすなわち、観察する力です。こうした観察力があれば、変化にそのまま巻き込まれていってしまうことが減ります。

つまり、まずは反応や変化に「気づく」ということが鍵になってきます。気づけば、引っ張られないようにするチャンスが生まれます。このように、身体感覚を練る武術の稽古は、結果的に（副次的に）、心を調える「心法」としての自己の身体への観察力を養っているのです。

◉稽古に音楽は必要か？

　さて、このように武術の稽古とは身体感覚を練る作業ですから、稽古のときは、できるだけ自分の内的な身体感覚に注意を向け、それを丁寧に観察できるような環境を整えることが望ましいといえます。つまり、できるだけ静寂な環境で、気が逸れる刺激の少ない場所で、じっくりと自己の身体内部に向き合う方が良いわけです。

　これは、実際、坐禅や瞑想一般をする場合にも当てはまります。1日をマインドフルに生きるとは、五感（によって知り得る今ここの物事）を大切にすることですが、特別な時間としてマインドフルネスを練るとき（瞑想をするとき）は、五感から入力される情報によって生じる様々な身体感覚の生起や変化や、それによって起こる感情や思考を丁寧に観察していく、ということをします。そうすることで、普段から今ここをより深く味わえるようになります。ですので、瞑想は、できるだけ静寂な環境で行うのがふさわしいわけです。

　スティーブの稽古中は、スティーブが説明するための声以外は、何も音がありません。窓を開けきってオープンになった講堂で、スティーブの声以外に聞こえてくるのはせいぜい、風の音や鳥の声ぐらいです。そうした静寂の中、ゆっくりじっくりと途切れなく、動きます。まさに澄み切った空気の中、まるで時間が止まったかのような静寂に包まれます。

ですから、最初にスティーブの教室に顔を出したとき、何かが違うと直観的に感じたのですが、それは後から思えば、バックに中国風の音楽を鳴らすという、太極拳教室にありがちな付随物がない、極めて静寂な空間で稽古をしている、というところが理由だったのです。

よく日本の太極拳教室などでは、中国のゆっくりした音楽などをBGMに流しています。ユーチューブやDVDなどの太極拳の動画もほとんど、申し合わせたように中国の音楽が流れていきます。確かに、こういう感じでゆったり動きましょう、と調子を合わせる効果というのはあるかもしれません。私たちはつい急いで動いてしまいがちですから、それを抑制する、という一定の効果はあるでしょう。また、中国の武術をやっているという雰囲気作りにも効果があると思います。

しかし、その一方でこうしたBGMは、太極拳本来の本当の良さを削ぐような気がしています。つまり、本来、太極拳は身体の内部に注意を向ける瞑想であり、それを通して自然となることを、自然やタオと一体化することを求めているわけですから、そこには、たとえ柔らかでゆったりした中国の音楽であろうと、人工的に作り出した音は必要ないと思うわけです。

◉身体の内側から流れる音楽を聴く

身体感覚に注意を向ける瞑想や武術は、静寂な環境で行うのが良いことは今お話した通りです。

日本の伝統的な武術の道場が一般的に、清潔で静かな環境を保っているのは、このためだと思います。始終、電車や車などの交通騒音が気になる立地は、残念ながら、道場としては不向きと言えるでしょう。もちろん、瞑想ではなくスポーツ競技として空手や太極拳をしているのであれば、そうした交通騒音をかき消すほどの大音量の音楽をかけて練習をするなどすれば、大きな問題はないかもしれません。

瞑想としての武術をする上で静寂な環境を整えるという面以外にもう一つ、空手や太極拳にはBGMや音楽が不向きだといえる理由があります。空手の道場でBGMを流しているところを私は知りませんが、太極拳の教室では、しばしば中国風の音楽が流れています。

音楽は多くの場合、一定のテンポあるいはリズムで流れます。しかし、人間の身体の動きは、そうした、音楽的な一定のテンポやリズムではありません。私たち人間は、機械ではないからです。私たちは生きている人間ですから、テンポやリズムはランダムに細かく揺らぎます。決して一定ではありません。ですから、一定のテンポやリズムに、身体運動がピタリと合うはずがないのです。

もちろん、ダンスのように、あえて音楽に合わせていく、という身体活動はあります。音楽とリズムやテンポを合わせていくことによって、恍惚感を感じたり、他者との一体感を感じたりすることができるでしょう。古代から行われている宗教的な儀礼に、ダンスと音楽がつきものなのはそのためだと考えられます。

しかし、武術はダンスではありません。武術とはむしろ、生身の人間が持っている自然な（一定でない）テンポやリズムに耳を傾けていくことです。自己の身体内部へと意識を鋭敏に向けることで、身体の声を聴く、それが武術の稽古です。スティーブはこのことを指して、「自分の身体が奏でる『音楽』を聴く」と言っていました。これはある種、逆説的な言い方ですが、形（套路）とは、生命の奏でる「音楽」に合わせて踊るダンスなのです。このことを指して、スティーブの師であるパン先生は、「太極拳とは、生命のダンス（dance of life）である」と述べています。

つまり、身体の内側へ注意を向ける、つまり、身体の微細な感覚に目を向け、耳を傾け、身体と対話をしながら、ただひたすらに形を練る、それがマインドフルネス瞑想としての武術稽古です。つまり、ひたすらに自己の身体から湧き起こる「音楽」に合わせて踊ることが、すなわち、「大人の稽古」なのです。

これが武術稽古の本来のあるべき姿だとしますと、外的な人工的音楽が稽古に合わないことは言うまでもありません。もし仮に、音楽をかけようものなら、身体の「音楽」が聞こえなくなるばかりか、その一定のリズムやテンポに身体を合わせようとしてしまいます。つまり、身体的には極めて不自然な、まるで揺らぎのないロボットのような機械的な動きになってしまいます。

そういう一定のリズムやテンポで動く様子は、他人から見たら美しいかもしれません。当人にとっても、ダンス的な気持ち良さがあるかもしれません。ただ、それでは美しい、気持ち良いというだけで、観察力を養うマインドフルネス瞑想としての効果はあまり得られないでしょう。

武術は、スポーツやフィットネスやダンスではありません。一定の機械的なリズムやテンポではない、身体の内側から流れてくる自然な「音楽」に耳を傾け、融合させていくのが武術であり、そこにスポーツ、フィットネス、ダンスとの大きな違いがあります。

◉鏡を見て稽古して良いか

マインドフルネス瞑想としての武術の稽古を妨げる要素として、音楽についてお話しました。これは言わば、聴覚的な阻害要因です。人間の五感の内、聴覚は非常に重要な感覚です。そもそも他人との対面的なコミュニケーションは言葉で行いますし、また、自分の身に危険なものが近づいてきたり、何らかの警告音が鳴ったりなど、外部環境の中で聴覚的に察知するものは非常に多いです。

ただ、こうして聴覚というのは外部の刺激に敏感なのですが、人間が最も頼りにしているのは視覚です。人と対するとき、その相手の位置や距離、姿勢や表情や動きなどは視覚的に測りますし、飛んでくる危険物や落ちている障害物を避けたりするのは、視覚によって入力された情報に基づいています。

このように、私たちは普段の日常生活から大いに視覚に頼っているために、稽古中もつい視覚に頼ってしまいます。目で見た情報、視覚から入る外的な情報を重視してしまいます。具体的には例えば、自身の動作のチェックを視覚的にしようとするために、目で各所の位置や動きを確認しようとします。当の本人は目でチェックしているだけのつもりですが、その様子を端から見れば、忙しなく頭や顔や目線が動いていることになります。

あるいは、鏡や窓に映る自分の姿ばかり気にしてしまいます。このときは身体の向きを問わず、頭や顔や目線はひっきりなしに鏡や窓の方を向いていることになります。

自分の目で自身の身体をチェックするにしても、鏡や窓に映る自身の姿をチェックするにしても、いずれの場合も、外的な視覚情報を求めてしまっています。つまり、外から自分がどう見えるかに注意が向いているということです。かく言う私もつい、目で確認してしまいがちですので、これは自戒の念も込めています。

武術の稽古としては、本来、これではいけません。視覚でもって外的に自身の身体を観察してばかりではいけません。これまでお話ししてきましたように、武術は、内的な目、心の目でもって自身の身体を観察しなければ、稽古する意味がないからです。武術の稽古とは、内側で感じる身体感覚、すなわち、皮膚感覚や深部感覚や内臓感覚に目を向けます。そこでの微細な感覚に集中します。こうした微細な身体感覚を徹底的に追い求めるのが、「大人の稽古」です。

特に鏡には注意した方が良いです。鏡（姿見）は確かに、自分の身体の傾きや位置や動きなど、その様子を確認する上で役に立つことは間違いありません。自分ではすっかりできているつもりが、なぜ何度も師に指摘されるのかと思って、改めて鏡で見てみると、なるほど、まったく違う姿勢や動きをしていた、ということはあります。

ただ、この鏡を見ることが習慣化してしまい、常に鏡で自己の身体を外からの（他者からの）視点から観察することに偏ってしまうと、武術の稽古の意味がなくなってしまいます。武術は、内側から身体を感じなければなりません。外からどう見られるかよりも、内からどう感じるか

鏡を見て稽古することは、外面的な形を確認する上では役立つ。しかし、視覚に頼りすぎず、内的感覚を磨くことを心がけたい。

が、本質的には重要なのです。

外からどう見えるかは、要するに、他人からどう見えるか、です。他人からどう見えるかというのは、他者からの評価、つまり、善し悪しです。私たち人間はつい、他者からの評価を気にしがちです。人間は太古の昔より社会的動物（他者とともに集団で生きる動物）ですから、それ自体は悪いということではなく、人間という種の本質的な特徴です。ただ、その特徴に引っ張られすぎて、私たちはつい、他人からの評価を気にしがちになります。

私たちは、そうした他者からの評価を自分の価値基準に取り込んで、その評価・価値に見合うように、自分を合わせていこうとします。合っていれば幸せですが、合わないと苦しくなります。また、たとえ合っていても、いずれ合わなくなることに（いずれその価値を喪失することに）不安を感じ、それが苦しみとなります。このように、他者の目というのが、私たちのストレスの主な原因の一つなのです。

マインドフルネスは、そうした、他者の目から離れ、純粋に、自分の目で世の中を観察することを勧めます。ですから、マインドフルネス瞑想として武術の稽古をするのであれば、他者の目ではなく、自分の心の目でもって、身体を観察することを心がけてみてください。

◉目を閉じて稽古する

そこで、一つ提案があります。試しに一度、目を閉じて稽古をしてみてください。そうすると、私たちはいかに目からの入力に頼って動いているかを、即座に知ることができます。容易にバランスを崩すことは当然のことながら、自身の四肢の位置さえもおぼつかなくなります。ただ目を閉じるだけで、内的な身体感覚、例えば四肢の位置や運動状態に関する深部感覚の情報よりも、外的な視覚の情報に頼ってしまっていることを自覚できます。

このように武術は、極論すれば、視覚に一切頼らず、深部感覚のみで稽古をするものであっても良いと言えます。実際の稽古では、ずっと目を閉じているわけにはいきませんので、目を開けている間は、視覚情報は常に入ってきます。このとき、できるだけ、外から目で見て動くのではなく、内から身体で感じて動くようにします。武術的な身体は、本来、そうして練られるべきものです。こうして、聴覚や視覚による阻害要因を極力排除して、丁寧に内的な身体感覚を練るのが、「大人の稽古」であり、そうして形を練るのが「大人の空手」です。

第2部　感じる空手

第12章

身体の連動性と全一性

◉身体の連動性（足腰で突く）

前章では、自分の身体を内側から観察するお話をしました。このとき、そのようにして内側から観察するのは、特定の1箇所だけを集中して観察する、例えば、拳だけを観察する、足だけを観察する、ということではありません。身体のバランス的な中心である尾骨を意識しながら、呼吸を通して丹田を感じつつ、身体全体を万遍なく観察します。

こうして自分の身体を観察することを大切にしながら稽古をしていると、やがて気がつくことがあります。それは、身体の連動性です。あるいは、共働性（シナジー）もしくは共変性と言っても良いかもしれません。

例えば、手を動かしたときに、自分の身体の他の部位である足や腰はどうなるでしょうか。具体的には、仮に手で突いたときに、足は一体どうなっているでしょうか。腰は一体どうなっているでしょうか。もう少し別な言い方をしますと、足にどういう反応や変化が起きていると感じるでしょうか。

武術の稽古では、このように、ある箇所の動きに連動・共変する別の箇所の動きにも、同時並列的に意識を向けることが重要です。なぜなら、身体とはそうして同時並列的に動くことによって、相乗効果的に力を発揮する、システマチックな構造をしているからです。それが、身体のシナジー（共働性、相乗効果、共同作用）です。

さらにまた別の言い方をすれば、手を動かそうと思って動かしたときに、足や腰はどう動きたがるか、動かざるを得ないか、ということです。これは視点を変えると、手を動かすという目的を達成するためには、いかに足や腰を動かすか、ということが大切だという意味でもあります。つまり、結果的に、手を動かすという問題は、足や腰を動かすという問題に置き換えられるということです。

今、身体の部位である「手」を動かす、と表現しました。しかしこれを「突く」という動作（行為）として言い換えると、「突く」という動作の問題は、手という部位をいかに動かすかという問題ではなく、足腰という部位をいかに動かすかという問題とも同値になります。こうしてしばしば、「足腰で突く」という表現がなされるわけです。敵に接触する部分は拳なのですが、しかし、突きというのは拳でするのではなく足腰でするのです。

何が言いたいかといえば、「突く」ときにはつい、私たちは手や腕に意識が集まりがちです。つまり、私たちはつい「手で（腕で）突き」がちですが、実はそうではないということです。むしろ、そのとき全身の身体の各部分がどう連動・共変しているかに豊かに意識を向けることが大切なのです。こういう意識のないまま、ただひたすら突きの稽古を手（腕）で突く稽古だと思って稽古を続けていても、一向に武術的身体は身につかないでしょう。つまり、観察する身体内の対象を1箇所に定めてしまうのではなく、身体の各部位がどう連動しているか、そのシナジェティックなエナジーの流れを身体全体への観察を通して感じていく必要があります。

徒手空拳の武術は、当然、手や腕を使うことが多いです。足（蹴り）を使うことは自身のバランスを崩す原因となるので、戦闘場面ではむやみに使うべきではないことは明らかです。そうなれば、空手がもともと「手」と言われていたように、戦闘場面において攻防に用いられる優先的な部位は、手や腕です。そのようにして、手や腕で突いたり受けたり掛けたりするわけですが、本当のところは、手や腕ではなく足や腰で突いたり受けたり掛けたりするのだ、という発想あるいは視点の転換こそが大切です。

もちろん、武術に秀でた才能豊かな人であれ

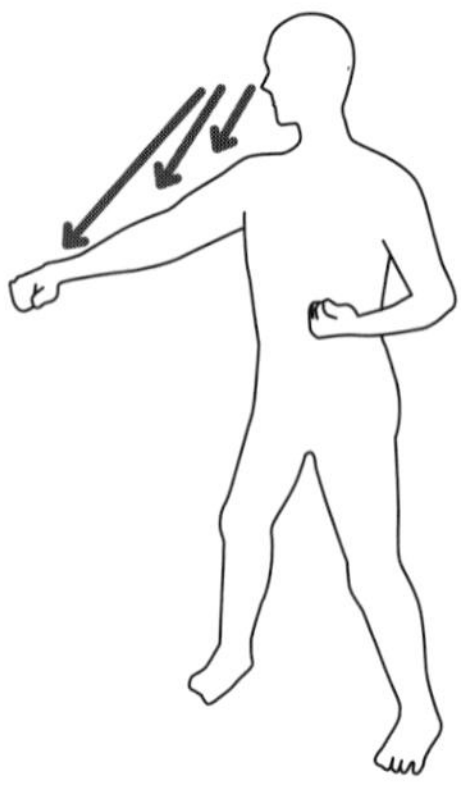

右拳で突くときは、右の手や腕だけに意識が向きがちだ。

右拳で突くときも、足腰、体幹、左の手や腕、頭部など、全身に同時並行的に意識を向ける。

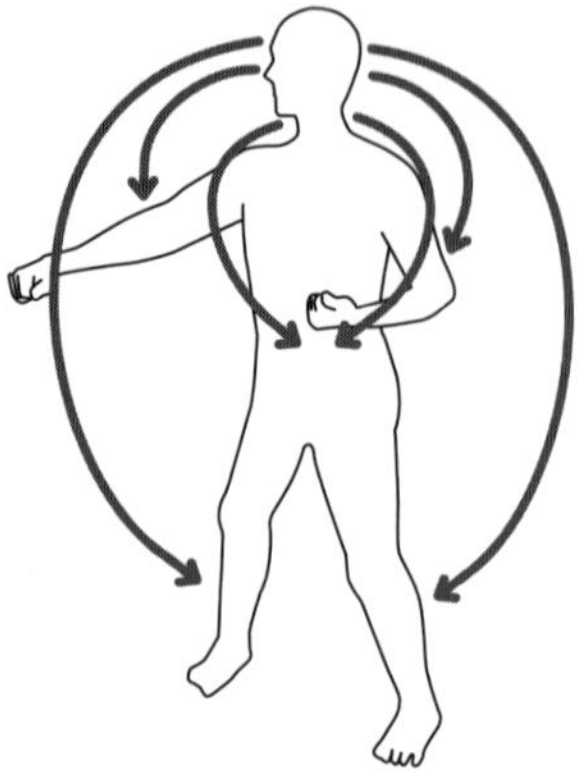

ば、最初からそんなことは分かっているので、言われるまでもなく当たり前のことかもしれません。しかし、私たち凡人は、こうした発想・視点の転換がなかなかできません。つい、突きは手（や腕）でしてしまいがちです。ですから凡人は、師から「足腰で突く」と教わりながらそれを忘れることなく全身で探りながら稽古を続けるしかありません。そうして至る身体的発見としての発想・視点の転換が、武術稽古の成果の一つなのだと考えられます。

◉シナジーを感じながら動く太極拳

まさにスティーブは稽古のときに時々、このシナジー（synergy）という言葉を使います。というのも、太極拳の動きは丸ごとシナジーだからです。いえ、厳密に言うと、太極拳に限らず武術はいずれも身体全体を連動させるものなのですが、太極拳はその身体全体の連動性（共働性・共変性）をより強く感じやすい、ということです。

あらゆる武術が、身体全体を余すところなく連動させているはずです。そうでないと術が効きません。ただ、太極拳以外の武術では、動作として速かったり複雑だったりするわけですが、そうなると、身体の全体的な連動性をすぐには感じにくいのではないでしょうか。どうしてもまず技として極まるかどうかが意識の前面に出てきてしまい、そうなると、開始から終了までのプロセスの中で身体がどう共働しているかを意識する余裕がありません。もちろん、長い年月をかけて同じ技を繰り返していく内に、やがて技の起こりから極まるところまでを秒単位・ミリ単位で意識できるようになり、プロセスの中での身体の連動性を感じられるようにはなるでしょう。

これに対して、太極拳という武術は、最初から、いきなり、身体を秒単位・ミリ単位で感じる武術なのです。ゆっくり柔らかく動くために、そうした身体への内なる目で観察しやすい状況に、半ば強制的に、置かれるのです。

そうして身体を連動させて動きながら、その全身的連動が途切れなくつながっていきます。つまり、ゆっくりじんわり、シームレス（seamless）にシナジーを続けていく感じです。こうして、太極拳はゆっくりシナジーを感じながら動くので、身体の隅々まで同時並行的に注意を向けて観察する、ということを自然に体験しやすいわけです。逆に言えば、シナジェティックに身体をゆっくり動かす必要があるので、必然的に、身体全体へと意識を向けざるを得ない、ということです。

◉シナジーと身体の全一性

こうしてシナジーを感じながら稽古をすることで、やがて身体が一つとなります。身体は全一の存在であることを実感します。スティーブが言うように、尾骨を中心に四肢がつながっている感覚を意識します。手の指先から足の指先までつなぐのです。四肢を同時に意識するのです。こうして全身を一つとして観察していきます。

ここまでは主に身体の一体性についてお話ししましたが、瞑想としての武術ということを考えた場合、ここに呼吸と意識との連動性が加味されます。瞑想あるいは気功の本質は、呼吸（あるいは気）（breath）と身体（あるいは身体運動）（body）と精神（あるいは意識）（mind）の三つを一つにしていく作業です。身体の動作と呼吸を合わせ、そこに意識を集中していきます。やがて、呼吸と身体と精神が同調し、連動し、共変し、共働します。これが瞑想です。

坐禅の場合、坐っているので動いていないと思ってしまいますが、呼吸とともに腹は動きますし、胸郭も膨らんだり凹んだりします。また、呼吸という気（エナジー）が身体を巡りますから、坐禅も当然、呼吸—身体—精神の統合を狙っています。ただ、ほとんど見た目には動きませんので、身体と共働させていくのが難しいかもしれません。だからこそ、坐禅は究極のアーサナ（ヨガのポーズ）なのです。

この点、武術は身体を動かします。ですから、呼吸と意識を身体と連動させやすいのです。だからこそ、瞑想としての有効性が高いわけです。瞑想をすることで心を調えたいと思う人が、いきなり坐禅をするのにはハードルが高いと感じるのは、呼吸—身体—精神の統合が坐禅では容易ではないからだと思います。これに比べて、武術による瞑想は、坐禅よりも数段やりやすいでしょう。

武術の稽古をしているわけですが、しかしそれは裏を返せば瞑想であり、そうした瞑想的意義を意識しながら稽古をするかしないかで、稽古の仕方や内容は大きく変わります。そして、稽古から得られるものも断然違ってきます。本書が提案するのは、マインドフルネス瞑想としての武術稽古、空手稽古です。稽古を通して、この身体の全一性を感じるのが、瞑想的な、味わい深い「大人の空手」です。

第2部　感じる空手

第13章

気を感じて使う

◉「気」という概念について

空手では「気」の概念は用いませんが、太極拳をはじめとする中国武術では「気」の概念を用います。そもそも「気」の概念は道教や中医学（東洋医学）でも用いられますから、中国の民間信仰・民間医療の中に普通に伝わっている概念、つまり、中国の人々からしたら日常的な当たり前の概念なのだろうと思います。

もちろん、そうした中国文化に強く影響を受けている我が国でも、「気」の概念はそれほど違和感のある考え方ではありません。実際、「気」という漢字が使われる熟語や表現は、非常に多くあります。例えば以下のようなものがすぐに思いつくでしょうし、これら以外にも調べれば無数にあるでしょう。

勇気、殺気、根気、やる気、覇気、雰囲気、陽気、勝ち気、活気、眠気、本気、短気、平気、元気、空気、病気、気概、気品、男気、気前、景気、色気、気質、気合、湿気、人気、運気、気候……

意気地、得意気、不気味、意気揚々、和気藹々、一気呵成、気後れ、気まぐれ、気持ち……

気を遣う、気兼ねする、気を付ける、気を揉む、気が利く、気を紛らわす、気が乗らない、気が晴れる、気を配る、気に入る、気取る、気が重い、気が置けない、気を取り直す、気負う……

こうしてざっと挙げていってもきりがないぐらいです。ただ、日本語で私たちが「気」という場合は、主な用法としては次の２種類ではないでしょうか。

①私たち人間の心理的な（内的な）様子としての「気」（勇気、気分、気が利く、など）
②私たち人間を取り巻く物理的な（外的な）様子としての「気」（天気、空気、気候、など）

これらに加えて、①が滲み出て、まるで②として物質化したような③もあります。

③私たちを包む心理的場としての「気」（雰囲気、活気、など）

ただ、この③に含まれるものも、感じる主体側の内的な感覚だと考えれば①ですし、広い意味で外的環境のことだと考えれば②に分類できそうです。

この他に、ごくわずかですが、これら①〜③のどれにもフィットしない用法があります。例えば、病気や景気の「気」です。あるいは運気の「気」などです。病気の気は、心の様子や物理的な環境や心理的な場のどれにも何となく合いません。強いて言えば、身体の中を流れるエナジーとしての気であり、中国的な「気」の概念に準じているように見えます。専門外なので語源的な意味や歴史的な背景の正確なところは分かりませんが、おそらく、中医学（東洋医学）の影響が大きいのではないかと推察されます。

また、景気や運気といった場合の気は、世の中の目に見えない流れ、世界を司るエナジーの潮流のようなものを想像させます。そのエナジーのうねりを司っているのがまさにタオであり、景気や運気といった場合の気も、中国的な「気」の概念に近い気がします（この、「気がします」の「気」は①の用法ですね）。

ただ、人の心と環境の様子を表す用法が多いとはいえ、内的精神と外的環境の両方の様態を「気」という同じ言葉で表そうとする伝統は、おそらく、中国的な（道教的な）気の思想の影響だろうと思われます。

◉道教における「気」の巡り

中国の民間信仰や民間思想は、その長い文化的歴史の中で、道教の影響を非常に強く受けているわけですが、その中枢にあるのがこの「気」の概念です。道教的には、気とは生命エナジーであり、また、息（呼吸）でもあります。そして、私たちを含む世の中のあらゆる存在はすべて気でできていると考えます。

人も物も、また、あらゆる現象もすべて、気なのです。気が凝縮して人や物となります。やがてそれらは分解して（死んだり、消滅したりして）元の気に戻ります。出来事もまた気であり、気が凝縮して現象が生じ、やがて消えていきます。この、気の流れを司っているのがタオです。タオとは、その流れそのものでもあります。また、気が現れて気が帰っていくところでもあります。つまり、タオに形はありません。ですから、タオを見つけることはできません。世界そのものがタオなのです。仏教的には「法（ダルマ）」という概念に近いかもしれません。

私たちの世界は、タオによって、気が凝縮し霧消するという流転が、途切れなく続いていきます。それはまた、陰の気と陽の気の絶え間ない変転として捉えられます。陰陽のバランスがちょうど良いと世界は安定しています。ただ、陰陽のバランスは常に変化していますから、常に何かが起こりますし、事態はどんどん流動します。こうした思想は仏教における「諸行無常」の考えと同じです。

先にも話しましたように、私たち人間という存在自体、この「気」でできています。気が凝縮して生命（人）となります。死ぬということは気が霧消してタオに帰ると考えます。もともと気の塊なのですが、私たちは食べ物というエナジーを摂取することによって、生命を維持します。ですから、食べ物もまた気なのです。もちろん、人は呼吸という、肺による酸素と二酸化炭素のガス交換をしないと生きていけませんから、息もまた気なのです。こうして、吸気と食物摂取で気を内に取り込み、呼気と排便・排尿で気を外に出すわけです。いわゆる生態系の物質循環（生態系内の物質は、食物連鎖や分解、光合成や呼吸などによって、様々にかたちを変えながら循環していること）は、まさにこの気の循環そのものに見えます。

また、気は私たちの身体の中を常に巡っています。この巡りが良ければ健康だと考えます。ですから、病気とは気の巡り（流れ）が悪くなっている状態ということです。東洋医学の鍼灸は、気の巡る通路である経絡に沿って、気の滞っているところ（ツボ）を刺激して気の巡りを良くする、という考えに基づいた治療法です。

これが、中国人の信仰や思想の背景にある人間観・生命観・世界観なのです。ですから、中国人にとっては、我々日本人以上に「気」という概念は身近であり、良い気を取り込むこと、悪い気を出すこと、身体の中の気の巡りを良くすること、が大切になってきます。このために、中国では古来より、気の巡りを良くするような呼吸と体操を組み合わせたエクササイズ（導引）が、数多く考案され伝えられています。それが現代における、八段錦や易筋経などの気功（健身気功）です。

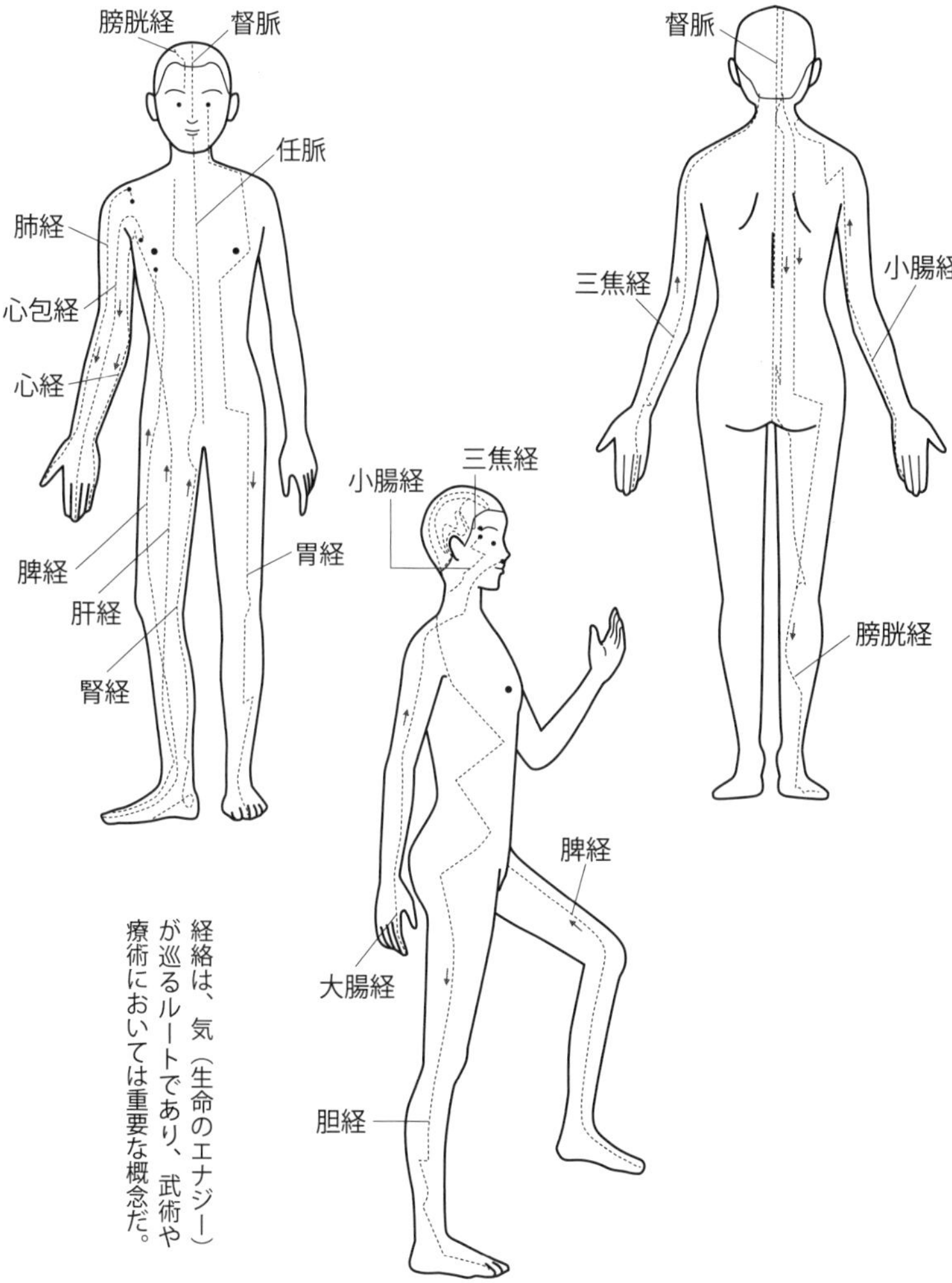

経絡は、気（生命のエナジー）が巡るルートであり、武術や療術においては重要な概念だ。

◉気感を大切にする

太極拳は道家の武術ですから、本来的に、気を練る術です。気功とは「気を練ること」という意味ですから、太極拳もまた、広い意味での気功と言えるでしょう。太極拳の動作はすべて、呼吸と連動してゆっくりと気を巡らせるために行われます。もちろん、もともと武術ですから、武術的な用法も非常に優れていますが、太極拳は武術でもあり気功でもあるのです。

そして、本書では「大人の空手」の稽古法として、太極拳と同じように、この「気」を練っていくことを提案します。つまり、身体を巡る気をありありとイメージして感じながら、術を稽古する、ということです。別の言い方をすれば、気感を大切にする、ということです。そうして気感を大切にすることは、すなわち、身体を丁寧に観察することにつながります。身体を丁寧に観察しながら術を練ることが、結果的に、マインドフルネス瞑想となります。気功とはまさに、マインドフルネス瞑想なのです。「大人の稽古」とは、気を練る瞑想的稽古だということです。

ここまで気を道教的に説明してきましたが、さて、それでは「気」とは一体何か、どういう感じなのかという疑問が湧くかと思います。気感というのは、確かにあります。しかし、気は、物理的に測定できないので、実際に存在するわけではありません。ただ、それがある「感じ」というのは、確かにします。つまり、物理的客観的にはないのだけれど、心理的主観的にはあります。

気に関する説明は、各人各様であり、実在すると考える人もいれば、実在云々ではなくあると信じるかどうかだとする人もいます。私の立場は、物理的に実在はしないけれども、あると想定すると都合が良いという考えです。あると想定するといろいろと説明しやすいという便利さの方を重視しています。そして、実際にイメージによって、主観的にはあるような感覚を得ることができます。そして、ありありと気の流れをイメージすることで、身体各部位をありありと感じることができます。つまり、気をイメージすることで、身体を観察するマインドフルネス瞑想に、より一層、取り組みやすくなります。

◉「気」のイメージ上手く使う

例えば、開合（２３５頁～詳解）のような動作をしていると、気をよく感じられます。あるいは楊式太極拳の起勢や按掌などを繰り返すと、感じるようになってきます。気を回す、気を流す、気を練る、その感じは、やればやるほどだんだんと、確かなものになっていきます。身体感覚的にはこのようにありありと気感を覚えるわけですが、何かしら物理的な質量のあるものの発生や移動が起こっているわけではありません。

例えば、両手の間にボールか風船を挟んでいるようなかたちにして、そのボールか風船は気の塊だと想像してみてください。おそらく、手と手の間に気の圧力（反発力）を感じたり、手の平に暖かみを感じたりするでしょう。これは、手の平や腕の身体感覚の、ある種の錯覚だろうと思います。そこに意識を集中することで感覚は鋭敏になり、血流が増えてその部分の体温も自然と上がるでしょう。そのように鋭敏になり体温上昇した箇所の身体内部の感覚のせいで、相対的に、あたかも何かがそこにあるかのように感じる、という具合です。

ただ、それが単なる錯覚だとしても、実用的には何ら問題ありません。大切なのはイメージです。そして、その空想的イメージ（によって喚起された実際的感覚）を、上手く使うわけです。

道教系の瞑想は、イメージが重要です。気を回す（還流させる）、気を流す（巡らせる）、丹を練る（エナジーを練り込めていく）、良い気を入れて悪い気を出す、そういった様々なイメージを持つことが重要です。例えば、身体の中を良い気が巡るイメージを持つことで、主観的には身体が活性化した気分になります。イメージは単なる空想ですが、結果的に、主観的には身体がリフレッシュされた感覚になります。道家瞑想における、こうしたイメージを重視した瞑想法は一般的に、「存思法」と呼ばれています。

現代は科学の時代である、したがって、物理的には存在しない、単なる空想・想像によるイメージが、現実の心身の状態に影響するなどということはあり得ない、という方もおられると思います。確かにイメージというのはつかみ所のない、意識における表象ですから、物理的に実在することを証明する手立てはありません。ただ一方で、そうしたイメージの影響力が、心身の状態変化として現れる部分は、紛れもない科学的事実です。実際、心理療法の中でも、イメージによってリラクセーションをもたらす技法は、数多く存在します。リラクセーションは、不安や緊張を和らげ、ストレスの低減にもつながります。

前にお話しした白隠の「軟酥の法」も、イメージによる養生法です。白隠は、修行のしすぎで心身の不調を来す、いわゆる「禅病」を癒すためのリラクセーション法として、この「軟酥の法」を考案しました。頭の上に乗っている卵大のものが次第に溶けて身体全体を覆っていく様子をイメージします。こうして、全身を温かい膜で覆われながらゆったりと身体をリラックスしつつ、意識を頭から下腹へと下ろしていって心を落ち着かせます。

このように、私たち人間は、意外に単純にできています。気の巡り（エナジーの循環）が良くなって身体が活性化するイメージは、やがて、心身の健康につながるでしょう。また、そうしたイメージによって良くなる気がする、治る気がする、という点もとても大切です。まさに「病も気から」です。いわゆるプラシーボ効果（偽薬効果）ですが、これが私たち人間の持つ自浄作用あるいは自己治癒力として、無視できない重要な働きをします。

◉天地の「気」を身体に流す

では、具体的には、身体をどう気が巡るようにイメージすると良いでしょうか。道教的にはしばしば、「踵で呼吸する」と言われます。太極拳では踵で地面を捉えていますので、その踵から大地の気を吸い込みます。吸気（吸い）とともに、踵から大地の気が脚を伝って下丹田まで流れて入ってきます。そして呼気（吐き）とともに、踵から大地へと気を流していきます。良い気を入れて、悪い気を出していきます。こうして、気でもって大地とつながり、気が脚を巡るイメージで足を感じます。

踵だとイメージしにくいようであれば、足の裏全体で、大地とつながって呼吸をするイメージで良いでしょう。よく、足の裏から呼吸をする、というのがどういうことなのか分かりません（できません）、という方がいらっしゃいます。もちろん、足の裏で呼吸することはできませんから、物理的には不可能なのですが、ここまでお話ししてきたように、これはイメージです。何やら大地の良いエナジーが足の裏から身体に入ってきて、体内の悪いエナジーが足の裏を通して身体から出ていく、というイメージです。こうして、足の裏を通して気が出入りするイメージを、呼吸に合わせて行うわけです。

もう一つは、手の平です。足の裏と同じように、手の平からは、天の良い気が吸気とともに入ってきます。そして、呼気とともに悪い気が出ていきます。こうして、手の平を通して天とつながり、腕を伝って気（エナジー）が出入りします。

このように、四肢（足の裏と手の平）を通して天と地とつながり、気を交換（循環）させるイメージです。そのように気が脚と腕を流れるところを想像（イメージ）することで、ありありと脚と腕を感じることができます。これが、身体感覚の観察になります。

尾骨を中心に四肢をつなげる感覚で動く、という動作の秘訣は前にお話ししましたが、気の場合は丹田を中心に四肢を通して気を巡らせる、ということをします。丹田は腰の中に、尾骨はお尻の方にありますから、気の中心と身体バランスの中心は場所としてはやや異なりますが、概ね骨盤（腰腹）を中心に、全身を同時につなげてエナジーを流す感覚を養っていきます。こうした実践がそのまま、マインドフルネス瞑想ということです。

空手家諸氏は、ぜひ、この感覚でもって、各自の形を練っていただければと思います。例えばサンチンは、大地にしっかりとつながるための形です。大地の力（気）を受け、突きにつなげていく（巡らせる）感覚を練る形です。これはまたボディワークで

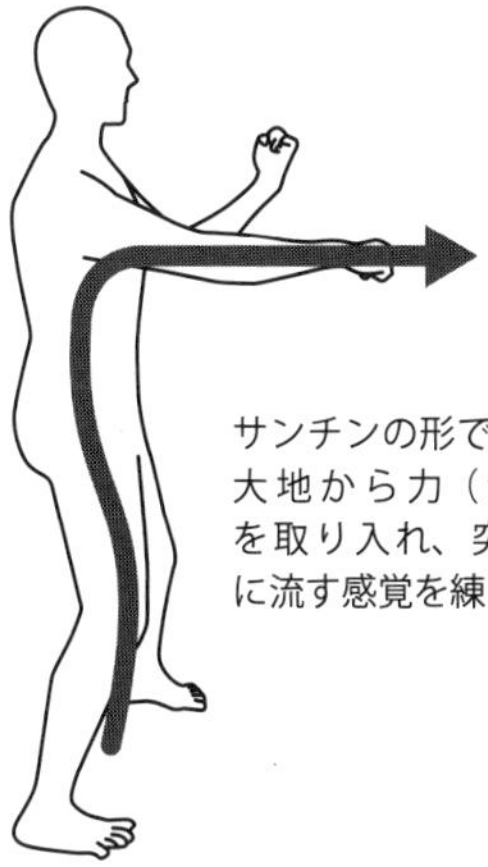

サンチンの形では、大地から力（気）を取り入れ、突きに流す感覚を練る。

いうところのグラウンディングという感覚であり（第10章参照）、この大地につながって根を張った感覚は、支えられている感覚、確かに今ここにいる（自分の足で立っている）安定した感覚をもたらしますから、ひいては自信や安心感につながります。こうした感覚まで拡げて練る武術稽古が瞑想としての武術稽古です。

第3部　人との空手

第14章

柔らかく生きる

◉身も心も剛から柔へ

外家拳の奥義は内家拳であり、内家拳の奥義は外家拳です。そこに剛柔が一体となる理想形があります。本書を手に取っていただいている読者諸氏は空手家の方が多いかもしれませんが、空手家として外家拳（剛拳）を練っておられるでしょうから、その場合、奥義は「柔らかさ」にあるということです。

私の太極拳の師であるスティーブから、以前、次のような言葉を直々にいただきました。

The softer you become, the stronger you will be. Extend softness in the body to the mind. One becomes quicker, more efficient, more durable, and even smarter.

これはもしかしたら、もともと、スティーブの師であるパン先生の言葉か、あるいは太極拳の伝書や古の達人の残した言葉か、はたまた『道徳経』（老子）の一節の英訳かもしれません。いずれにせよ、スティーブは、太極拳を練るということは柔らかさを練ることであり、そうして柔らかくなるほど強いのだ、と言っていました。

そしてさらに、その身体的に練った柔らかさを心（精神）へと拡げていくのだと続きます。そうすることで、より素早く、より効率的に、より丈夫に、より賢明になれるのだ、と教えてくれました。太極拳とは、そういう身体的な智慧なのだということです。

スティーブのところには、地元の色々なシニアの方々が集まってきていましたが、その中にお一人、元大学教授のドン・エノキ博士（Dr. Donald Y. Enoki）という方がおられました。心身統一合氣道七段の腕前の日系アメリカ人であり、ホノルルにある合氣道唯心会「ノエラニ・キ・アイキドー」道場の道場長をしています。自身の合氣道の技を高めるために、奥さんとともに通われていました。

このエノキ先生は、まさにジェントルマンでした。その肩書きや経歴とは裏腹に偉ぶったところは一切なく、笑顔を絶やしません。その当時、御年75歳ということでしたが、肌つやも良く、ずっと若々しく見えました。まずその身体や表情から発するエナジーが、一般的な75歳の男性とは全く違いました。それは、言うなれば、泰然とした武道家の雰囲気のようなものを感じました。つまり、長年武術を練り、その修業が武道となっている人は、熟練すればするほど、他者に優しくなるのでしょう。逆に言えば、そうでなければその人は「武道家」ではありません。「道」に気づき、「道」を極めれば、そこには禅やタオがあります。すでにその域に至っているように見えるエノキ先生は、安定した芯（自信）を持ちつつ、他者への配慮と思いやりに富んだ柔らかい人物でした。

◉柔らかさと力（剛）のバランス

柔らかさといっても、ただ全身脱力してフニャフニャになるだとか、あらゆるものから興味を無くして茫洋とする、という意味ではありません。動くのですから、そこには当然、最低限の力は必要です。そうして最低限の力を使いつつ、力と力のバランスを保って、無駄な力を排して動くのが太極拳です。

この様子を、スティーブは次のように例えて、よく説明していました。例えば套路の中で前に進むとき、足を上げて前方に移動させ着地させるわけですが、このとき、「筆で字を書くときのように動かす」と言っていました。この教えは、前に進むときの足の動きだけでなく、すべての動きに適用できる気がします。

どういうことかというと、私たちは、筆や鉛筆やペンで字を書くとき、強すぎても弱すぎても書けません。強すぎれば芯がつぶれたり折れたりしますし、弱すぎれば細すぎたり薄すぎたりします。私たちは、当たり前のように紙に字を書いていますが、知らず知らずのうちに（無意識に）絶妙なバランスを保った力の入れ具合で、筆を動かしているのです。

というのも、筆を持ち始めて絵や字を書き始めた幼い子どもは、この力のバランスが上手く保てません。だから、線が濃かったり薄かったり、曲がったりのたうったり、短すぎたり長すぎたりします。芯が折れたりつぶれたりします。手の力の入れ具合が、まだうまく調整できないのです。そうやって何年もの長い間訓練を重ねた結果が、今のバランスの取れた筆記行動なのです。つまり、無意識に安定した技になるためには、何年もかかるのです。

そうやって、絶妙な力の入れ具合でバランスを保ちながら、柔らかく動くのが太極拳です。このように、太極拳で練る柔らかさは、力（剛）のバランスの上に成り立っています。だからこそ、内家拳の奥義は外家拳と言えます。

武術の精妙な動きは、字を書くときの絶妙な力加減に通じる。

◉上手くなろうと思わない

こうして、バランスと柔らかさを体得するためには、字を書く絶妙なメカニズムの例を考えれば、何年もかかるのは当たり前です。ですから、焦らずゆっくり稽古するのが良いわけです。

ハワイから帰国する前日の稽古で、スティーブが一つ興味深い話をしてくれました。それは、「太極拳は、上手くなりたいと思うと上手くできないから、上手くなりたいと思わない方が良い」ということでした。

どういうことかというと、上手くなりたい（良くなりたい）と思うと、身体が緊張して力んで硬くなってしまうから、その結果、なかなか上手くなれません。ですから、上手くなりたいという欲望（desire）は、捨てた方が良いということです。欲望を捨てることで、身体がリラックスして、そのうち上手くできるようになります。つまり、上手くなりたければ、上手くなりたいと思わない方が良い、ということになります。一見逆説的ですが、これは真理です。

このことを強引に世の中の事象に一般化すれば、要するに、あらゆる欲望（何かを手に入れようという動機）は捨てた方が良いわけです。仏教的には、欲が苦を生むから、欲を捨てよと教えます。道教的には、過剰な欲は陰陽のバランスを崩すから、欲を抑えよと教えます。欲を捨てたり減らしたりしたところに、本質的な安穏があります。

スティーブがこの欲望の話をし終わったとき、隣にいた御年84歳のリリアンが僕の腕をつつき、「Remember this」（この話はよく覚えておきなさい）と私の目を見てそっと言いました。これは心に滲みました。戦前生まれの84歳のおばあちゃんが認める人生哲学ですから、太極拳の奥深さを、つくづく感じました。

◉ただやるだけ（Just do it）

では、実際のところ、どうすれば良いか。これもスティーブの話ですが、今の話には、実は前段があります。スティーブは、太極拳の稽古を始めて10年ぐらいまで、師であるパン先生の言う通りにうまくできない、先生のように動けないと、悩みながら稽古をしていたそうなのです。つまり、「できない、できない」と思っていました。でもあるとき、パン先生が「ただやるだけだ！(Just do it!)」とよく言っていたことを思い出し、いろいろ悩んで考えたって始まらない、今のままただやるだけだと思うようになったら、何かが切り替わったかのように、急にできるようになった、と言っていました。

ここには二つのポイントがあります。第一に、これはよくある話ですが、ネガティブ思考からポジティブ思考への転換です。「私はできない（I cannot do it）」思考から「私はできる（I can do it）」思考への変化です。できないと考えながら不愉快に稽古をするよりも、できると思いながら楽しくやる方が、時間の使い方としては良いわけです。価値としては真逆です。よく聞く話ではありますが、ただ、現実に実行するのは難しく、言うは易く行うは難し、です。

第二のポイントが、先の話につながります。「できない、できない」とネガティブに考えることはかえって身体の緊張をもたらし、その結果、技も上達しません。これに対して、ただやるだけだと開き直ることが（ネガティブな考えを放り投げる、手放すことが）身体の緊張を解き、リラックスさせ、柔らかくさせます。これが結果的に良い、というのがあるでしょう。

また、今ここですべき動作をただやるだけという教えは、まさにマインドフルネスです。つまり、「ただやるだけ（Just do it）」の効用は、リラックスと集中の両方を生みます。武術をマインドフルネスに練るとは、そういうことです。

ちなみに、スポーツ用品企業大手のNIKEが"JUST DO IT"をキャッチコピーにするずっと以前から、パン先生はよく「Just do it!」と言っていたので、あれの著作権はパン先生にある、とスティーブは冗談めかして言っていたのを思い出します。

たとえ難しい動きでも、「できない」と悩まない。「ただやるだけ（Just do it）」だ。

◉焦らず力まず、アクセプトする

上手くなりたい、良く見せたいなど、「何か」への囚われが緊張を生むと話しました。欲望が強ばりを生みます。欲望から離れることが、柔らかさへ至る唯一の道です。この「何か」は、生活全般へと意味を拡げることができます。

どういうことかというと、まず、「何か」に囚われてそれのみに対して反射的に振る舞ったり、また、それのみに向かって力づくで対抗したりすることは、マインドフルではありません。つまり、「何か」に対して何とかしようと、焦ったり力んだりすることは、マインドフルネス的、禅的ではない、ということです。流れに抗おうとするという意味では、道教的でもありません。

また、外家拳の特徴である速さと力が常に良いとは限りません。むしろ内家拳のように、自然にゆったりと構えて、全方位的に意識（気づき）を向けつつ、焦らず力まず、静かに柔らかく、アクセプト（受容）していきます。このときの「何か」とは、他者の存在とその侵襲的行為だったり、あるいは敵意的なコミュニケーションだったり、また、自身の内面に湧き起こる感情や思考だったりします。いずれにせよ、その「何か」に囚われることは、武術的に見て致命的です。

したがって、仏教的にも道教的にも、起こることが起こりつつある中で、それにありありと気づきながら、焦ることなく力むことなく、アクセプトしていくようにします。それは何も物理的

相手の攻撃に対抗するような動きは、囚われがあり、緊張を生む。

全方位的に意識を向け、力まず柔らかくアクセプト（受容）していく。

な時間をかけてゆっくりと判断して行動する、という意味ではありません。ここでの話は、心的態度の問題であり、時間は関係ありません。

そうした心的態度で、その場の状況での最適な判断と行動を見つけていきます。結果的に素早く反応する、力を集中することが求められることもあるかもしれません。しかし、ただやみくもに速く、ただやみくもに力強く、という態度は必ずしも絶対的な善（価値）ではないということです。そうした誤解から生まれる焦りや力みは、最適な判断と行動に至るプロセスを妨げる要因となりえます。

その前提は、その「何か」への強いこだわりです。それは、敵の拳の場合もあれば、他者からの評価かもしれません。そうした「何か」への強いこだわりを捨てることが、余裕とリラックスを生みます。それこそが、心（精神）の柔らかさです。

◉ムキになる人に対して

こうして「何か」に強く囚われると、動きに力が入り、結果的に上手く動けず、ますます動きに力が入る、という悪循環にはまることがあります。このとき、上手く動けずますます力が入ってしまうとき、感情が重要な役割を果たします。それは、例えば、理想の自分と現実の自分とのギャップから生まれる落胆や悲しみであったり、思い通りに行かないことに対する怒りや苛立ちであったりします。

ここに一つ、不思議な現象があります。道場の七不思議の一つと言っても良いかもしれません。それは、どんな武術の道場にもおそらく共通するでしょうけれど、二人稽古などをしていると、ときに、怒りにまかせてムキになって技を仕掛けてくる人がいます。非常に不思議な現象です。

なぜかというと、武術は確かに他者を殺傷・制圧する技術ではありますが、武術道場の多くが、人と争わないための術であり修行である、ということを標榜しています。もちろん、その道場がケンカ術・ストリートファイトの強さを求めているところであれば話は別です。そういう道場もあります。ただ、普通は、稽古すれば稽古するほど人柄は柔らかくなっていくことを、実際にそうでなくても、理想的本質的には求めているはずだと期待しています。そのことを理解している道場こそが、武の「道」場なのではないでしょうか。

つまり、「武道」というからには、禅やタオへと向かうことを志向しているはずであり、それは自ずと、日常生活におけるネガティブな感情の制御を志向することを含むと思います。そのための稽古です。だから普通は、稽古すれば稽古するほど、腹が立たなっていくはずです。もう少し正確に言えば、人間なので腹が立つことはあるけれども、それに囚われなくなっていくはずです。武術の稽古はそれがそのままマインドフルネス瞑想ですから、マインドフルに自身の感情を見つけることで、そこに囚われることは徐々になくなっていきます。もしついつい、怒りに囚われて引っ張られるようであれば、まだ稽古が足りないと思えば良いわけです。そしてただひたすらに稽古します。

武道とは本来、そういう修行体系のはずなのですが、なぜだか、いつまでも攻撃的で争いを好む人がいます。そういう人は一体、稽古を通して、何を学んでいるのだろうかと疑ってしまいます。

つまり、現実には、「武道」という修行体系に身を置いていても、その本質が伝わる人と伝わらない人がいる、ということです。「武道」を稽古しているはずの人間が全員、「武道」の教えを理解しているわけではない、ということです。それには、たしかに伝える側の問題もあるかもしれません。その道場の師範が、武術とは何か、武道とは何か、その本質を理解していなければ、それを教えることができるはずがありません。

ただ、仮にその道場の大半の門下生に伝わっているのにもかかわらず、その人だけが怒りを制御できずただ攻撃的であり続ければ、それはその人、つまり、学ぶ側の問題です。したがって、「武道」の教えは、残念ながら、学べる人と学べない人がいる、ということです。となれば、本書の提示する「大人の武術」「大人の稽古」「大人の空手」も、やはり、意味が伝わる人と伝わらない人がいると思います。

このように、「武道」をしているはずの人が、全員、その本質を理解しているわけではありません。

そういう人は結局、単に術の稽古をしているだけです。武術は、相手を殺傷し制圧する術です。そのことを目的としたテクニックです。すると、最初に示した不思議な現象が起こります。稽古の場で、なぜか怒ってムキになる人が現れます。相手に勝つか負けるか、制するか制せないかにこだわり、囚われている人です。こういう人は、上手くできなかったり、勝てなかったり、制せなかったりすると、明らかに冷静さを欠いた攻撃的な振る舞いをし始めます。

ただ、武術を「武道」として、その本質を理解して稽古している人にとっては、そういう相手に遭遇した場合、それをどう巧みに扱うかということを稽古する、絶好の機会ともいえます。怒ってムキになって向かってくる相手に合わせて、自分も同じようにムキになって返すことは得策ではありません。そういう相手に対しても、いかに冷静でいられるか、距離を置いて観察できるかが重要です。

これを生活術・処世術にまで拡げれば、いわゆる「心法」を含む「武道」の本質がさらに見えてきます。それは、物理的にあるいは心理的に攻めてくる相手をどうかわしてどう制するか、また一方で、未然に危険をどう遠ざけて命をつなぐか、という態度です。相手の行動や発言に、自動的に反応してはいけません。つまり、相手の感情に自分の感情が巻き込まれることなく、冷静に状況を観察し、最善の判断を下すわけです。それは、マインドフルネスが、生き残る術（サバイバル術）であることも意味しています。

マインドフルネスとは、基本的には自分自身の心を観察する術ですが、自分自身の心に敏感になることで最適な人間関係やコミュニケーションを導く術でもあります。また、マインドフルであることによって、相手の仕草や言動から、相手の心の機微や変化に気づきやすくなります。自分の心と相手の心に気づきやすくなることで、無益な争いや関係悪化・泥沼化に陥らずに済むようになります。

このように、そもそも武術は物理的に他者と渡り合う術ではありますが、マインドフルネスという観点を通して、心理的（精神的）に他者と渡り合う術でもあると言えるわけです。言い換えれば、身体の術（身法）を心の術（心法）へと拡げることで、それは「武道」となるということです。スティーブの言っていた太極拳の智慧とは、まさにこのことに通じます。

◉生き残る術としてのマインドフルネス

武術の稽古をするのは生きのびるためであり、生きのびるためには常日頃からあらゆることに鋭敏に意識を向けておく、というのが武術の奥義です。ただ、精根尽き果てるほど神経質に全力で注意を向けるのではありません。割くことのできる注意資源の範囲内で、漫然と全方位的に向けておきます。これがすなわち、マインドフルでいることです。そしてそれが武術稽古の本質であり、武術家としてのあるべき姿です。そして、このことを自覚的に行っているのが「武道家」です。

身体の微細な感覚へ注意を向ける稽古によって心と身体を練る武術稽古は、そのままマインドフルネスの訓練になっていて、これが生きのびる力を養っています。つまり、武術は何かに具体的に役立てようと思わなくても、そこで養った力を心(精神)に拡げることで、結果的に(自然に)、仕事や生活に大いに役立つ、そしてそれが生きのびることを促す、ということです。そのことに自覚的な武術家を「武道家」と呼びます。

もし「武道」をやっていると自分では思っていても、それが全く仕事や生活に役立っていなければ、つまり生きのびることを妨げていれば、その稽古は嘘であり、本当の稽古になっていません。

例えば、武術を稽古することで自分の力を他者に誇示したくなり、結果、意識的であろうと無意識的であろうと、暴力的攻撃的な態度を他者に取ることで、必要のない争いを呼び込むという、「武道家」として本末転倒な結末を迎える人がいます。これではそれまでに割いた稽古の時間は一切無駄であり、さらには害悪でもあります。しかし、これは本人がその症状に自覚的に気がつかない限り、何とも治療しがたい病気と言えるでしょう。これを「武の病」と呼んでも良いです。この「武の病」は、自覚(気づき)によってしか治りません。「武道」における強さとは、生きのびる力の高さです。まずはこの前提となる大原則に、はっきりと気がつかなければなりません。

「大人の稽古」とは、そういう前提に自覚的になり、武道の本質に自覚的になり、マインドフルに自己の身体と自覚的に対話し、生きのびる最善の解を見つけていく力を養うものです。そのためには、外家拳（剛拳）だけの空手ではなく、太極拳のような内家拳（柔拳）の持つ「柔らかさ」を奥義と見定め、剛と柔が、バランス良く融合・調和していくことが大切ではないかと思います。

第3部　人との空手

第15章

シンプルな形は究極の形

◉シンプルな生活術

道教的な生き方は、「無為」と「無事」です。自分や他人にあれこれと干渉せず、また、あれこれと出来事に巻き込まれないようにする、という教えです。これは裏返せば、シンプルに生きよ、ということを意味します。干渉したり巻き込まれたりすることで、生活が複雑になり、その結果、ストレスが増えます。ですから、生活をなるべくシンプルに、簡素化、簡略化することで、ストレスを減らしなさい、と道教は教えます。

一方、仏教的な生き方もまた、シンプルさを求めます。私たちは、ああしたいこうしたい、あなりたいこうなりたいと欲を持つから、苦が生まれます。なぜなら、大半の欲は満たされないからです。苦から逃れるには、欲を持たないことです。欲を持たない生活にするには、身辺をなるべくシンプルにしていくことと同値です。目に見える物理的な物事への執着、目に見えない精神的（心理的）な物事への執着を捨てていく、ということです。

最近は、「断捨離」が勧められたり、「ミニマリスト」という生活主義が取り上げられたりします。どちらも、不要な物は捨てて、最低限必要な物だけで生きましょう、という生活術です。つまり、シンプルさをモットーとした生活の実践です。

現代社会は、極めて高度に複雑化した世界です。現代がストレス社会といわれる主な原因はその複雑さから来ています。日々、仕事でも家庭でもやるべきことに追われ、1日が過ぎていきます。その日のやるべき課題をこなしながらも、明日の仕事、来月の予定のことを心配し思い悩みます。一方で、昨日の失敗、先月の損失を反すうし思い悩みます。このように、生活が複雑であればあるほど、悩みの種が絶えることはありません。だからこそ、生活をなるべくシンプルにしておくのが良いわけです。

このように、道教も仏教も、どちらも欲を捨ててシンプルに生きよと説きます。人生を素足で生きていくわけです。その結果、陰陽の移り変わり、エナジーの流れとともに行くことができます。つまり、自然にある、あるがままにあることができます。

◉シンプル生活でマインドフルに

こうして、生活術としてシンプルさを求めることは、ストレスを減らす意味で大変重要です。そして、シンプルに生きることで、生活の奥深さ、世界の美しさ、生命の豊かさ、そして生きることの本当の意味での喜びを、マインドフルに感じ取ることができるようになります。複雑な社会で日々複雑な課題に追われる生活では、なかなかそうした本質を感受することは難しいでしょう。

もちろん、最低限やるべきことや、最低限必要な物は、あります。ですが、生活を見直してみると、思った以上に、やらなくても良いことや必要のない物があります。生活をシンプルにするということは、そういう物事を捨てていく、ということです。これは本当に必要なのか、本当にすべきなのか、と自問してみてください。もちろん、それらは、表面的には必要なふりをします。そこですぐに騙されないで、マインドフルに、つまり評価や価値判断から離れて、冷静に距離を置いて観察してみてください。

それは本当に必要なことですか？　本当にやらなくてはいけないことですか？　実際は、雑誌やCMで見て欲しくなっただけで、同じような用途のものはすでに持っていませんか？　人から褒められたいから、必要以上に頑張ろうとしていませんか？　そうやって削っていけば、生活はよりシンプルとなり、身軽になり、マインドフルに人生をより深くより濃く、堪能できるようになります。

◉原理に真理をみる

武術もまた、同じです。武術は、術として種々雑多なものを削ぎ落としていくところに、術の究極的な原理が残ります。シンプルさを極めていくところに残ったものが、術の究極的な形態だといえます。武術の各流派には通常、複数の形（型、套路）があります。それは様々な状況を仮定して作られた精緻精妙な動きの集合です。そう考えると、どんな形であろうと、いずれも捨てるには惜しい遺産です。また、こうした複数の様々な形こそが、その流派を流派たらしめている面もあります。空手でいえば、大きくは首里手と那覇手に分かれますが、細かいところでは、この形を継承しているから○○流、あの形を継承しているから○○流、ということになります。

そこであえて、武術の究極的な形を求めていくとします。つまり、これは捨てられないというところまであらゆるものを惜しまず削ぎ落としていくと、そこには究極的な形が残ります。空手でいえば、間違いなく、サンチンとナイファ

那覇手系の究極の形「サンチン」。

首里手系の究極の形「ナイファンチ」。

空手の形の種類は無数にあるが、この二つが空手の原理と言っても良い。

ンチでしょう。この二つの形こそ、空手的身体を具現化し、空手的身体の要素を濃縮した、原理的な形です。居合で言えば、制定居合で言うところの一本目（「前」）に、居合的身体の要素は凝縮されているように思います。楊式太極拳も、套路の冒頭部分が最も深く最も難しいと、スティーブはよく言います。

このことは、生活をシンプルにする、ということに通じます。先にお話ししたように、私たちの生活についても、あらゆるものを削ぎ落としていき、捨てていき、そこに残ったものこそが、真なる生だということです。私たちは、目に見える物質や目に見えない業績など、ありとあらゆる雑多なものに執着し、捨てることができません。それは、そうした雑多なものが「私」を形成する重要な要素だと心底信じているからです。しかし、武術と同様、よくよく考えてみれば、本当に大事なものなどそれほど多くありません。原理へと向かって絞り込んでいく、削ぎ落としていくことで、そこには最後に真理が残ります。武術も生活も、そうしてシンプルにしていくことで、真理に辿り着くことができます。

道教や仏教の説く生活は、そうした雑多な「私」を捨てていく、というものです。究極的にはすべての「私」を削ぎ落としていきます。そこはまさに原理的な世界であり、真なる世界であり、あらゆるストレスから解放された自由な世界です。

『名人伝』（中島敦）の主人公・紀昌は、弓を極めに極めると、弓への執着から解き放たれ、とうとう弓そのもののことさえも忘れ去ります。実際そこまで行かずとも、武術を稽古する武術家が、このことを自覚することで「武道家」となれば、あらゆる執着から逃れ、シンプルに生きることを目指すことになります。つまり、あらゆる無駄を廃し、原理的に、シンプルに生きることが、「武道的」であるということです。

敵との攻防を考えても、華美で無駄の多い動きは命取りですから、その意味でも、「武道的」とはつまり、地味でシンプルなものだと言えます。ですから、競技や表演のための華美で大げさな動きは武術的でもありませんし、ましてやまったく「武道的」ではありません。

◉原理の形をひたすら練る

先に、空手の原理を凝縮した形は、サンチンとナイファンチだとお話ししました。この二つの形は、形としては短く、動きの順番だけを覚えるのであれば非常に簡単です。一方、複雑で長い形は、そもそも覚えるのが大変です。そうなると、マインドフルネス瞑想として、身体を観察しながら練り込んでいくという、そのスタートラインに立つまでが長いです。

確かに、複雑で長い形は、覚えるまでの時間（少しずつ覚えていることが増えていくところ）が楽しいのですが、一方で、そのものを練り込む楽しさは後回しになります。しかし、形は覚えることが目的なのではなく、本質的には、練り込んでいくところが大切です。日々、同じ形を繰り返し、その身体感覚を味わうのが、「大人の稽古」です。そうした味わいが武術稽古の本当の楽しさですから、そうなると、形はシンプルな方が良いように思います。

複雑で長い形を覚えたり、何種類もの形をあれこれ覚えたりしても、結局、その複雑で長いあれこれを忘れないこと、覚え続けていることで精一杯になってしまい、練り込む楽しさを味わえません。つまり、この形も覚えたい、あの形も習いたいと「欲」張って稽古するその向上心も悪くはないですが、「大人の稽古」の本質は、身体の味わいですから、欲張ると本質を見失います。ここでも同じように、シンプルに「欲」を削ぎ落としていくことです。

一人の人間が1回の人生で練られるものなど、たかが知れています。人生には時間的制約があります。人はいつか死にます。その1回の人生の中で、ある形を極めましたと自信を持って言えるようになるには、果たして何十年、必要でしょうか。仮に、30種類の形を30年練った場合と、一つの形を30年練った場合を考えてみてください。答えははっきりしていますね。かの偉大なる武道家ブルース・リーの残した有名な言葉に、次のようなものがあります。

I fear not the man who has practiced 10.000 kicks once, but I fear the man who has practiced one kick 10,000 times.

（１万種類の蹴りを１回だけ稽古した者など、私は恐ろしくもなんともない。私が恐れるのは、１種類の蹴りを１万回稽古した者だ）

このように、「大人の稽古」という観点からすれば、術はシンプルな方が良いです。欲張らず、シンプルに、ただひたすら練り込んでいく。それこそが「大人の稽古」です。

第4部　基本エクササイズと武術瞑想

第16章

マインドフル・エクササイズ

◉まずは基本エクササイズ

次の第17章でいくつかの瞑想法を紹介しますが、私はそれらを総称して「武術瞑想（Martial Meditation）」と呼んでいます。本章では、それらの瞑想の前に行うと良い基本的なマインドフル・エクササイズとして、次の二つを紹介します。

①マインドフル・ストレッチング
②腹式呼吸法

◉今ここの感覚を味わうストレッチング

マインドフル・ストレッチングとは、何か特別なエクササイズ、というわけではありません。単に身体の各部位の筋肉を伸ばすストレッチングをするわけですが、このとき、その伸ばしている箇所によくよく注意を向ける（意識する）、ということをします。私は、この「よくよく注意を向ける（意識する）」という点を強調するために、あえて「マインドフル・ストレッチング」と呼んでいます。

もちろん、ストレッチングそのものの正しいやり方として、通常、伸ばしている箇所に注意を向ける（意識する）、ということをします。これは、そうした方が筋肉や腱などの柔軟性が向上して関節の可動域が広がり、加えて、血行が促進されることで筋疲労の回復や筋緊張の緩和（リラクセーション）などがより一層もたらされるからです（NPO法人日本ストレッチング協会）。

なお、ストレッチングには大きく3種類あります。それは、スタティック・ストレッチングとバリスティック・ストレッチングとダイナミック・ストレッチングです（同協会）。スタティック・ストレッチングは、目的とする筋をゆっくりと一定時間（15～30秒）伸張する方法であり、一方、バリスティック・ストレッチングは、反動をつけて強制的に筋を伸張する方法です（ダイナミック・ストレッチングについては割愛します）。ここでは、伸ばしている箇所にマインドフルに注意を向ける、ということをしますので、ストレッチングの種類はスタティック・ストレッチングとなります。

実際のストレッチングの方法は、現在、数多くのストレッチングに関する本が出ていますので、各自それを参照していただければ良いと思います。ただ、やはり、より丁寧にストレッチングをするためには、ストレッチングのセミナーや講習会に参加したり、定期的に開催しているサークルに行ったりして、実際に専門のインストラクターから直接指導を受ける方が良いでしょう。というのも、ストレッチングは、動作を正しく行わないと効果がないばかりか、逆に筋肉や腱や関節などを痛めかねないからです（同協会）。私は、日本ストレッチング協会の講習会に参加し、指導を受け、協会認定のストレッチングトレーナーセルフ（JSA-CSTS）という資格を取得しました。やはり、ただ本を読んで自己流でやったり、専門家ではない人のインストラクションのもとで行ったりするよりは、ストレッチングの何たるかを知った上で行う方が、正しい動作で行うことができるので、効果は大きくリスクは小さいと思います。

いずれにしましても、伸ばそうと決めた箇所の筋を、無理のない範囲で、ゆっくり丁寧に伸ばしていくことを心がけてください。このとき、伸ばす箇所に注意を集中します。伸びている心地良さとともに、伸びている具合を探りながら、伸びている今その瞬間の感覚を味わいます。そこに意識を留めます。この、注意を向け続けるところがポイントです。伸ばしている間、呼吸は自然に行います。15〜30秒ですので、呼吸数はだいたい2〜3回ぐらいでしょう。

この要領で、例えば、足の筋肉（ふくらはぎなど）から、肩や首の筋肉まで、ゆっくり丁寧に、全身の筋肉をほぐしながら感じていきます。自分の身体のどこにどのような筋肉（や骨）があるのか、どこが動きにくいか、どこが凝っているか（緊張している）か、左右に違いがあるか、伸びたときに痛いか気持ち良いかなどを、ゆっくり呼吸をしながら、観察していきます。こうして、足から頭まで、くまなく丁寧に、伸ばしていきます。

こうすることで、この後に紹介する様々な瞑想をするための心身の準備が整います。心身ともに十分にリラックスした状態で、かつ、集中力も増した状態で、瞑想に取り組むことができます。もちろん、普段の稽古の前のストレッチングをこのようにマインドフルに行うことで、稽古の質も大きく向上するでしょう。

「マインドフル・ストレッチング」のやり方

①目的の筋を、ゆっくり丁寧に、15～30秒間、伸ばす。
②伸ばしている間、自然な呼吸を心がける。
③伸ばしている間、その筋に注意を向け続ける（「伸びている」と感じ続ける）。
④この要領で、全身をストレッチングする。

マインドフル・ストレッチングの一例。身体によくよく注意を向けて行う。

◉心身がリラックスする腹式呼吸法

腹式呼吸法を説明する前に、まず、呼吸という運動を説明した方が、より理解しやすいかもしれません。呼吸とは、肺の中に空気が出たり入ったりして、酸素と二酸化炭素のガス交換をすることですが、このとき、私たちの日常的な感覚では、空気が入ってくるから身体が膨らむ、と思っています。しかしこれは実は正しくありません。正しくは、肋間筋（肋骨の間の筋肉）と横隔膜の動きによって肺の容積が増加することによって、外との気圧差が生じるために、結果的に肺に空気が入ってくるのです。つまり、私たちの感覚とは、因果関係が逆なのです。

こうして肋間筋と横隔膜という筋肉を使って（緊張させて）息を吸いますから、吸気のときは交感神経が優位になります。一方、息を吐くときはその緊張した筋肉が弛緩することで肺の容積が減り空気が外へ出ますから、呼気のときは副交感神経が優位になります。副交感神経優位な状態が、いわゆるリラックスした状態です。このために、呼気（吐き）とリラクセーションが結びついているわけです。例えば、お湯を張ったお風呂に浸かろうとするとき、私たちは思わず息を「はあーっ」と吐きます。あの息を吐いているときは、副交感神経が優位になってリラックスした状態、ということです。また、ストレスが重なって疲れていたり、悩み事を抱えていたりするときに、思わず「溜息」が出ますが、これは、緊張から解放されようと（リラックスしようと）身体が自ら息を吐いているのだと考えられます。ですから、決して「幸せが逃げていく」ことはありませんので、むしろそういうときはためらわずに息を吐くと良いでしょう。

さて、肺の容積を肋間筋と横隔膜の動きで増加させると話しましたが、具体的には、肋間筋が胸を膨らませることで、また、横隔膜が下がることで、増加します。この、横隔膜が下がることで胃腸などの内臓が押されるために、お腹が出るわけです。呼吸法には胸式呼吸法と腹式呼吸法の2種類あり、主に肋間筋によって肺の容積を増やして空気を入れる方法を胸式呼吸法、一方、横隔膜によって肺の容積を増やして空気を入れる方法を腹式呼吸法と言います。ですので、腹式呼吸法は別名、横隔膜呼吸法とも呼ばれます。

腹式呼吸の仕組み

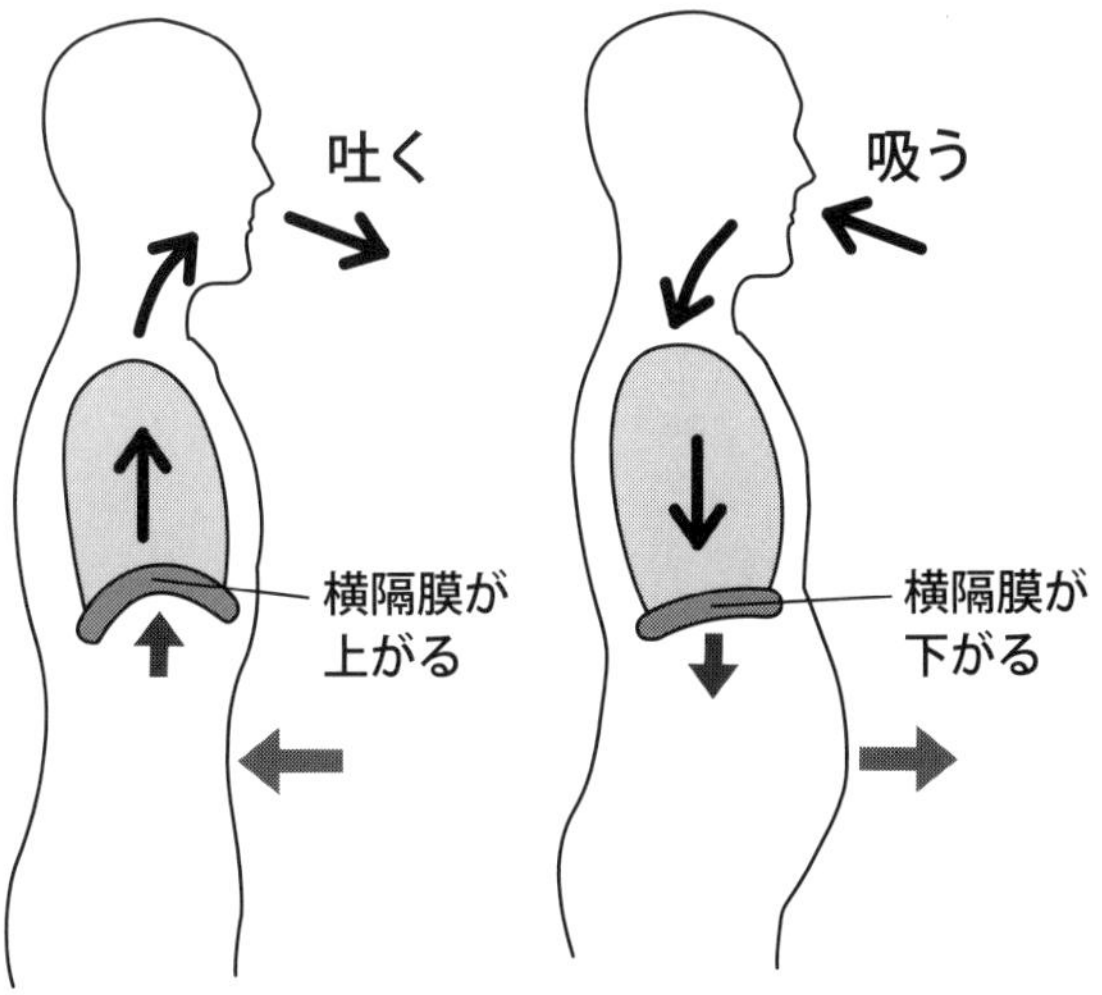

横隔膜を使って肺の容積を増加させますので、必然、腹式呼吸法は息を吸ったときにお腹が膨らみます。逆に、息を吐くとお腹が凹みます。もとから腹式呼吸法で呼吸できる人もいますが（例えば、合唱や管楽器の演奏などの経験のある人など）、感覚的に分かりにくいという場合は、手をお腹に当ててみると良いでしょう。吸ったときにお腹が膨らみ、吐いたときにお腹が凹めば大丈夫です。立ちながら行うと、お腹の動きが分かりにくいので、練習するならば、床に仰向けになって寝て行うと分かりやすいです。腹式呼吸法を続けていくと、やがて、横隔膜そのものを操っている感覚になってきます。そのぐらい、息の出し入れと横隔膜の動きとお腹の動きが連動していることを意識できるようになります。

なお、呼吸は、鼻から吸って鼻から吐きます。瞑想を行う場合、原則としては、ヨーガや坐禅や太極拳と同じく、鼻呼吸をします。ただし、より深いリラクセーションを得ようとする場合は、口から細く長く息を吐きます。その方が、より長く副交感神経優位な状態が続くからです。リラックスの程度も深まります。一方、全く逆に、攻撃の際により強い力を相手に与えようとする場合は、口から太く短く息を吐きます。例えば、大きなものを持ち上げたり押したりするときも、普通は、息を太く短く吐くと思います。瞬間的な筋緊張や重心移動や身体操作などと口からの短い呼気とを合わせることで、爆発的な力を相手にぶつけます。

「腹式呼吸法」のやり方

①（ヨガマットなどを敷いて）床に仰向けになって横になる。
②（お腹の動きを感じやすいので）膝を立てる。
③両手をお腹の上に置く。一方の手は臍より下（腸の辺り）に、もう一方の手は臍より上（胃の辺り）に置く。
④（呼吸とお腹の動きに集中するために）目を閉じる。
⑤息を吸ったらお腹が膨らみ、吐いたらお腹が凹むようにする。置いている両の手の平で、膨らんだり凹んだりする感じを掴む。
⑥慣れてきたら、鼻を通した息の出入り、横隔膜の動き、お腹の動きの連動を観察し続けてみる（もしここで気が逸れたら、また再び呼吸やお腹の動きの観察に戻る、ということを繰り返せば、それはもうすでにマインドフルネス瞑想になる）。

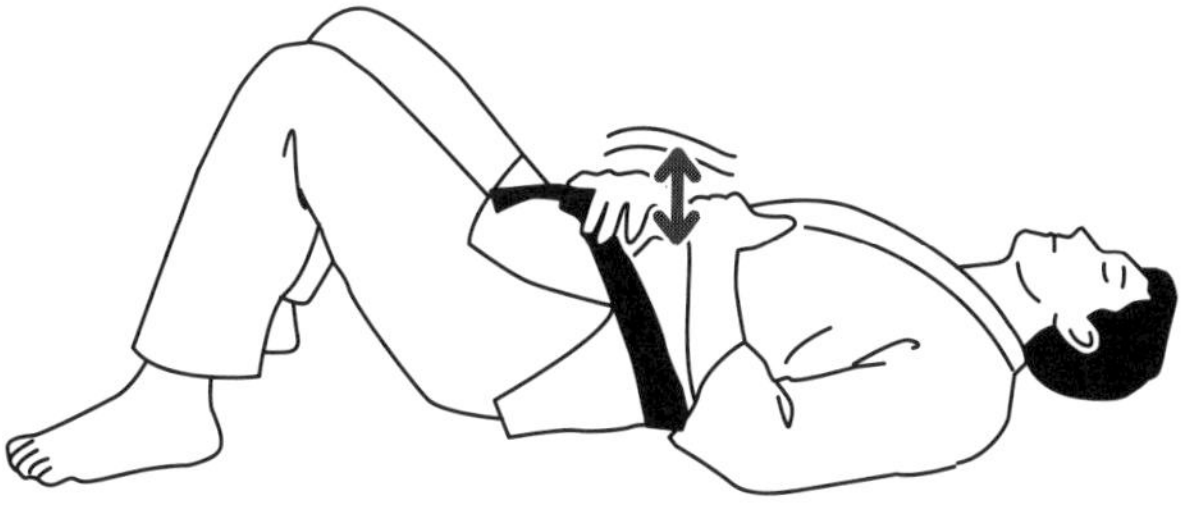

腹式呼吸の練習法。呼吸とお腹の動きを観察し続ける。

第4部　基本エクササイズと武術瞑想

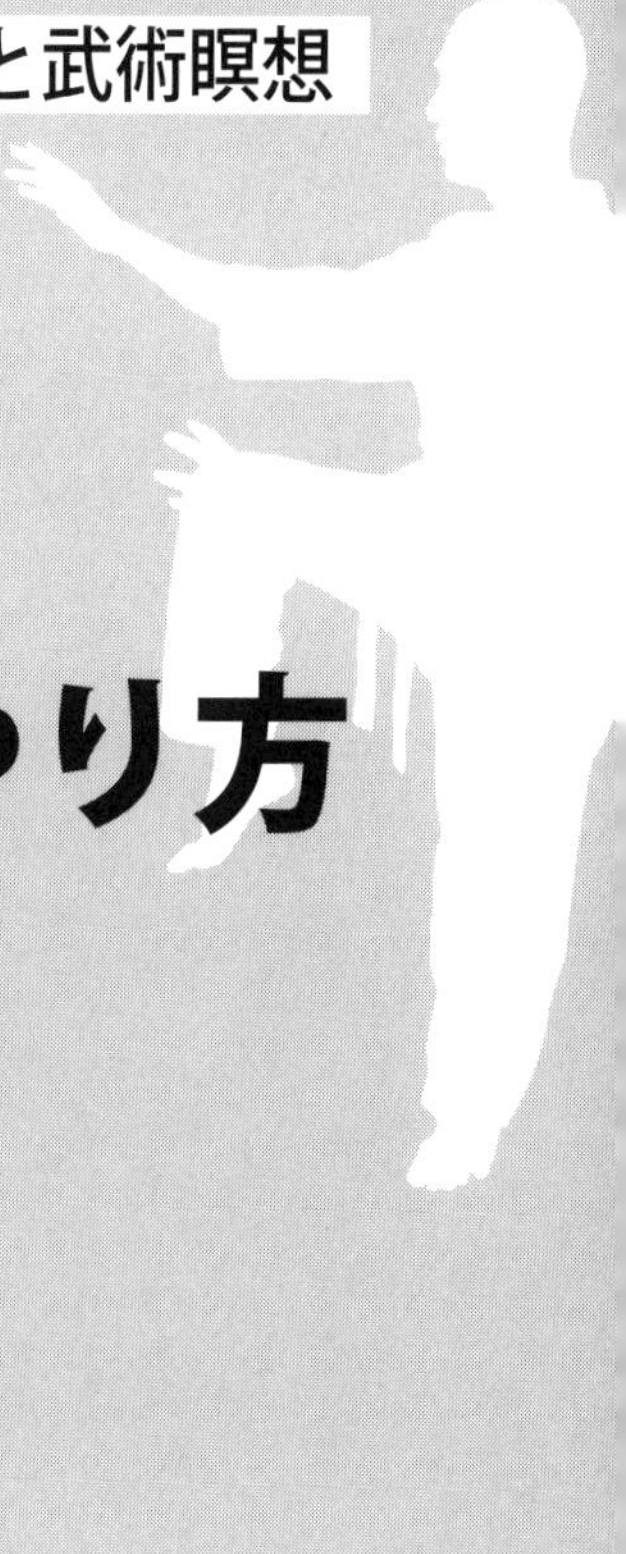

第17章

武術瞑想のやり方

◉三つの武術瞑想

本章では、私が「武術瞑想」と呼んで実践している技法の中でも、代表的な三つの技法を紹介します。具体的には次の三つです。なお、これらの技法はすべて、前章で説明した腹式呼吸で行います。

①無極で立つ法
②開合
③起勢

◉無極で立つ法 ― 真っ直ぐ立つ瞑想

これは、私の道家瞑想の師である、ロバート・サンティ（シャミナード大学心理学教授）の著書『タオ・ストレス低減法』で、詳しく説明されていますので、道教的な背景も含めてより広く深く理解したいという方は、ぜひ、そちらも参照ください。ここでは、その方法と中身について、注意点を含めて、解説します。

無極で立つ法（Wuji Standing）とは、要は、ただ単に真っ直ぐに立つ、というエクササイズです。目を閉じて、足を揃えて（足先も揃えて）、ただ立つだけです。しかし、実はここがミソなのです。私たちは普段、このように棒のように真っ直ぐに立つ、ということをほとんどしていません。1日の生活を思い出してみてください。おそらく、寝ているか坐っているか歩いているか（走っているか）のいずれかでしょう。

たとえ通勤電車の中で立っているとしても、何にも掴まらず、棒のように足を揃えて直立している、という人を私はついぞ見かけたことはありません。倒れないように、つり革や手すりに掴まったり、足を開いて踏ん張ったりして、電車に揺られているはずです。あるいは、バス亭でバスを待っていたり、道で誰かと立ち話したり、喫煙所で喫煙していたりしても、そこで、目を閉じて直立不動で立っている人は、おそらくいないと思います。

無極で立つ法は、見た目には、そのように目を閉じて棒のように真っ直ぐ立っている、直立不動の姿勢を続ける瞑想法です。こうして、普段したことのないかたちで立つことで、知っているようで知らない「立つ」という行為から生まれる様々な感覚を、体験することができます。

例えば、地面の上に2本の足で立って身体を支えるということが、実はいかに難しいかを感じることができます。なぜかというと、今、直立「不動」と書きましたが、実際は、決して不動ではないからです。足を揃えて目を閉じて真っ直ぐに立てば、数秒もしない内に身体が揺れてきます。そうなれば、足の裏の感覚を鋭敏にして、倒れないように重心を微妙に調整する必要があるからです。こうして、前後左右に揺れる中で、真っ直ぐに立っている状態を保つというのは、意外に難しいのです。

そこで、安定してスッと真っ直ぐに立つための、色々な教え（わざ言語）があります。例えば、操り人形のように上から紐で吊られているかのように、であるとか、頭のてっぺん（いわゆる「百会」のツボ）を上に引っ張られているかのように、であるとか、あるいは、頭の上に板や盆を置いてそれを下から押すように、であるとか、様々です。ロバートは、まるで自分が木か花のような植物になったつもりで、太陽に向かって伸びていくように、と説明しています。いずれにせよ、上から引っ張られているように、あるいは、上に伸びていくように、押していくようにして、自然にスッと立ちます。こうすることで、立ちが安定します。

ただしこのとき、頑張って姿勢を良くしようと、背中や腰を反らして胸を張る必要はありません。それは、いわゆる、体育的な「気を付け」の姿勢です。体育やスポーツでこの姿勢に慣れてしまっている人は、これが良い姿勢だと心の底から信じていて（身体に染み込んでいて）、頑張って胸を張って腰を反らせようとしますが、立ち方として、これは全く自然ではありません。ですから、自然にスッと上に伸びるように、リラックスして立ちます。そうして立てば、腕はやや身体の前に垂れ、手の平はやや後ろを向くはずです。

また、ときどき、上に伸びようとして顎が上がる人がいますが、その場合は、引っ張られる箇所をもう一度確かめると良いです。頭のてっぺんを引っ張られる感じですが、ついあごが出る人は、つむじの辺り（頭のやや後方）を引っ張られる、あるいは、耳の上端を引っ張られる感じをイメージしてみると良いでしょう。そうすると、自然と顎が引けます。

一方で、足の方については、足の裏から大地に根を張るようなイメージで立つ、とロバートは教えています。他の言い方ですと、足の裏で大地を押すように、という表現もあります。こうして足で押すように、あるいは、しっかりと根を張るように立つことで、逆に大地（地面、床）に支えられている感覚が生まれます。これがグラウンディングやルーティングの感覚です。しっかりと自分の足で大地に立っている、裏返せば、大地にしっかり支えられている、という感覚です。なお、このとき、無理に足を伸ばして、膝を極めない（ロックしない）ように注意してください。

いずれにせよ、頭は上の方へ、足は下の方へと伸びていくように立ちます。上と下の両方を押して、身体が自然に伸びる感じです。こうして、ただ立つだけで全身のストレッチングになります。真っ直ぐに立ち、前後左右に揺れるので、地球の重力をありありと感じます。そうすると、自分の身体の軸や芯も感じられるでしょう。自分自身が芯を持って、今ここにはっきりと根を張っている感覚です。

この無極で立つ法で行う自然な立ち方は、日本古来の礼法である小笠原流の立ち方とも通じます。詳しくは、小笠原清基『疲れない身体の作り方』（アスペクト）を参照ください。なお、小笠原流では、重心はやや前方にかける、とあります。確かにその方が安定します。ただ、無極で立つ法は、瞑想のエクササイズですので、もちろん倒れないように安定することも大切ですが、むしろ、足の裏の感覚を鋭敏にし、身体全体の感覚を鋭敏にして軸あるいは芯を感じ、今ここにあることを狙っていきます。ですので、重心をどこにかける、ということをせず、自然の揺れ、つまり、自然な重心のブレを、感じてください。そうしますと、どちらかというと、重心は、やや踵にかかる感じにはなります。なぜなら、身体は踵の上にあるからです。道家瞑想の教えの一つに、「踵で呼吸する」というものがあります。踵で大地とつながり、踵から大地のエナジーをいただく、と考えます。したがって、重心をどこかに決める必要はありませんが、イメージとしては、踵で大地とつながり、踵で呼吸をしているつもりで立つと良いでしょう。

身体心理学的には、身体の動作や状態が心（認知や感情）に影響を及ぼすことが分かっています。例えば、私たちは普段、椅子に座って背中を丸めてパソコンにかじりついていたり、歩いていてもつい下を向いてうつむき加減になっていたりします。現代人は、私も含めて、姿勢が悪く、立ち方も坐り方も崩れがちです。もちろん、そのときの心の状態がそういう姿勢にさせることもありますが、逆に、習慣でそういう姿勢を取っていると知らず知らずの内に心に影響して、ネガティブな気分を促進する可能性があります。身体心理学からすれば、背中を丸めてうつむけばネガティブな気分に、背筋をスッと伸ばせばポジティブな気分になることは間違いありません。この無極で立つ法は、極めて単純な技法ですが、こうした身体心理学的な意味でも、非常に有効なエクササイズなのです。

「無極で立つ法」のやり方

①足を揃えて、つま先を合わせて、真っ直ぐに立つ。目は閉じる（ただし、閉じると倒れそうになる場合は、閉じなくて良い）。

②頭の方は、頭頂（百会）に紐が付いていて、まるで自分が操り人形になって上から吊られているかのように（上に引っ張られているかのように）、イメージする。あるいは、まるで自分が木か花のような植物になったつもりで、太陽の方に伸びていくかのように、上へと伸びていく。あるいは、頭の上に板か盆を乗せているつもりで、それを上に押し上げるように、上へと押していく。顎が上がる人は、耳の上端を紐で引っ張られている感覚にすると良い。

③足の方は、自分が植物になったつもりで、大地に根を張るかのように、下へと伸びていく。あるいは、足の裏で地面（床）を押し下げるように、下へと押していく。微妙に揺れる重心を足の裏で鋭敏に感じ続けるようにする。やや踵重心で良い。踵で大地とつながり、踵でエナジー（気）を交換する（呼吸する）イメージで立つ。

④無理に（力を入れて）背筋を伸ばしたり、胸を張ったりする必要はない。膝は強く伸ばさない（ロックしない）。リラックスして自然に立つことを心がける。腕は自然に垂らす。そうすると、腕は体側ではなく、やや前方に垂れ、手の平はやや後ろを向く。

⑤鼻呼吸・腹式呼吸を心がける。ただし、腹式呼吸しなければならないと強くこだわる必要はない。自然に鼻呼吸を保ち、その呼吸を丁寧に観察する。

無極で立つ法。身体の軸と、「今ここに立っている」リアルな存在感を全身で感じる。

⑥身体の軸あるいは芯がある感覚を探りつつ、「今ここに立っている」リアルな存在感を全身で感じる。

⑦やりきったと思ったところで終える。タイマーで時間を区切っても良い。最初は1～2分から始める。1分でも3分でも5分でも、続けられる範囲で、自分がちょうど良いと思える時間で良い。

⑧瞑想を終えて元に戻るときは、急に動こうとしない。ゆっくり目を開けて、両手を握ったり開いたり、肘を曲げたり伸ばしたり、首を回したりして、徐々に動くようにする（消去動作）。

◉開合 ― 気を感じる瞑想

開合（Kai He）とは、手を開いたり合わせたりする動作のことを指しています。ここでは、私が、気功の師であるロバート、太極拳の師であるスティーブ、そして日本で活躍されている真北斐図先生の著書（『中国伝統気功体操　誰でもできる！　五禽戯』『ＨＯＷ　ＴＯ 太極拳のすべて』ＢＡＢジャパン）から学んだ動作を参考にして作った、オリジナルの動作瞑想法をご紹介します。この一連の動作を総称して、ここでは「開合」と呼んでいます。

この開合は、立って行っても（立式）、また、坐って行っても（坐式）、どちらでも構いません。立って行う場合は、下半身（腰と膝）はファンソンしながら行います。普段の姿勢ではやや前傾している骨盤を、少し後傾させる方向に縦回転させて、立てます。そうすることで、反っていた腰（袴腰）が縦に真っ直ぐになります。尾骨を巻き込む、臍を上に向ける、などいろいろと表現はありますが、後傾して丸まりすぎない程度に腰を緩めます。同時に膝も緩めます。重心はやや踵寄りで良いです。

一方、坐って行う場合は、お尻の下に坐蒲《ざふ》（坐禅専用のクッション）を入れて結跏趺坐《けっかふざ》あるいは半跏趺坐《はんかふざ》をします。そうして、膝とお尻の三点で下半身を安定させ、その上に上半身を乗せます。無極で立つ法と同様に、上半身は上に引っ張られるように、スッと自然に伸ばします。

なお、足の組み方ですが、結跏趺坐か半跏趺坐でなければならないわけではありません。要は、背筋が伸びて安定して坐っていられるかどうかがポイントです。骨格や筋肉によって、坐りやすさや安定性は、人によって異なります。ですから、結跏趺坐や半跏趺坐ではなく、胡座《あぐら》や正座でも構いません。ただ、経験的には、やはり、坐蒲を使って結跏趺坐（私の場合は半跏趺坐）で坐るのが最も安定します。

坐蒲がなければ、それに変わるものをお尻の下に敷いてください。その方が、何も敷かないよりもずっと坐りが安定するからです。例えば、硬めの枕であるとか、タオルを厚めに巻いたものでも構いません。最近は、ヨーガ用のクッションも売っていますので、しっかりと実践したい方は、専用の坐蒲やクッションを購入されると良いでしょう。とにかく、坐りが安定しないと、どうしても坐りにくい体勢にばかり気が行ってしまいます。無理に安定しようとして、すぐに筋肉が疲労し凝ってきます。そうなると、肝心の瞑想どころではなくなってしまいます。姿勢にあまり煩わされずに動作に集中するために、安定した坐りを確保してください。

もし床に直に坐るのが困難な場合は、椅子に坐って行っても良いです。その場合、浅めに坐り、足の裏がしっかりと床に着くようにしてください。そうすることで背筋がスッと伸び、姿勢が安定します。

準備ができたら、まずは、両手をこすり合わせます。そうすると、両手の間が暖かくなり、ビリビリした感じ、ジワジワした感じなどが味わえるかと思います。手の平は、顔の次に敏感な感覚センサーです。その手の平の感覚を鋭敏にするために、まずは両手をこすり合わせます。ちなみに、この両手をこすり合わせる動作は、気功では「気」を、ヨーガでは「プラーナ」を、ハワイのロミロミでは「マナ」を集める、といったように通文化的通技法的に天地自然のエナジーを集める動作として、考えられているようです。

手の平のセンサーを敏感にしたところで、様々な開合の動作を行っていきます。開合の動作のときの呼吸は、基本的に、両手（両腕）を開いた（遠ざけた）ときに吸い、合わせたときに吐きます。このとき、あたかも手の平で呼吸しているかのように、つまり、手の平を出入り口として腕を通って下丹田まで、息が行ったり来たりしているところをイメージしてください。手の平の真ん中には、「労宮」というツボがあります。ここから、息（気、自然のエナジー）が出たり入ったりするイメージです。

私の考えでは、このような気（エナジー）は、物理的には存在しません。存在することを信じてもいません。しかし、流れる気をありありとイメージすることは可能です。そしてそのイメージ通りに気を感じ取ることも可能です。それが「気感」です。こうしてありありとイメージすることで、手の感覚、腕の感覚、肩の感覚、胸の感覚、そして腹の感覚をありありと実感することができます。気を説明に用いるのは、そこが狙いです。

立って行う場合は、足の裏（踵）でも呼吸するイメージで行います。踵で呼吸する、ということです。踵から入ってきた気は、脚を通って下丹田に達し、下丹田から再び脚を通って踵から出ていきます。実際の呼吸とともに、この気の出入りをイメージして実感するようにします。

もちろん、こうした実践は、最初はどうしてもイメージしにくいものです。ですが、根気よく続けているうちに、徐々に呼吸とイメージが合ってきます。だんだんと実感できるようになってきます。何事も急にできるものではありません。瞑想は武術と同じであり、時間をかけて稽古することが必要であり、結果的にそうして稽古することそのものが瞑想の実践であり武術の実践となります。

手の平や足の裏から出入りする息（気）は、下丹田と行き来するイメージですが、このとき、下腹だけでなく身体全体も、呼吸に合わせて膨らんだり縮んだりさせます。息を吸うことで、あたかも身体全体に気が充満するかのように膨らみます。息を吐くと、身体全体も縮みます。

もう一つ、重要なイメージがあります。それは、下丹田で「丹を練る」イメージです。これはいわゆる道家の練丹術のうちの「内丹術」と呼ばれるものです。私のイメージでは、ピカピカの銀色か金色の玉が下丹田にあり、息を吸うと（気が集まると）その玉が膨らみ、息を吐くとその玉がギュッと絞られる、という感じです。そうして、エナジーが注入され凝縮されていくイメージです。息を吐くことで、気（エナジー）が抜け切ってしまうのではなく、下丹田にある「丹」

に凝縮されていくイメージです。ですから、呼吸をすればするほど、上質のエナジーが下丹田に蓄積されていくという感じです。そうやって丁寧に下腹で「丹」を育てていきます。

繰り返しますが、実際に物理的にそこに何かが存在するわけではありません。あくまでイメージです。ですが、そうしてイメージをすることで、下丹田に意識を向けることができるわけです。それが狙いです。

開合の動作と動作の間には、いわゆる「站椿」をして呼吸を調えます。站椿とは、あたかも自分が大木になったように立つという瞑想法であり、「立禅」とも呼ばれています。王向斉の生み出した中国武術の究極形である意拳は、この站椿を稽古の中心に据えています。つまり、站椿は中国武術の真髄であると言えます。

動作の流れの中で、具体的には、２通りのかたちが出てきます。一つはお腹の前で両腕を構えるかたちと、もう一つは肩の高さで両腕を構えるかたちです。お腹の前で構えるときには、「まるで巨大なスイカかバスケットボールを抱えているかのように」と教えています。肩の高さで構えるときは、「まるでフィットネスで使うバランスボールを抱えているかのように」と説明しています。站椿のかたちになっているときは、呼吸をだいたい３～５回するようにしています。

開合の動作をすべて終えたら、そこまで練った気（エナジー）を、頭の上からかぶり、足の先まで流していきます。そういうイメージで、全身を労り、慈しみます。具体的には、頭の大きさぐらいのボール状の気を両手で持ち、息を吸いながら頭の上に掲げ、息を吐きながら下に向かって両手で上半身をなぞっていきます。ちょうど下丹田のところで一旦息を吸い、息を吐きながら下半身に流していくイメージです。その後、呼吸を調えながら、余韻を味わいます。

「開合」（坐式）のやり方

①結跏趺坐や半跏趺坐、もしくは胡座など、各自で安定したかたちで坐る。尻の下には坐蒲などを敷き、坐る姿勢を安定させると良い。目は閉じても閉じなくても良い。

②お腹の前で両手を合わせて、10秒ぐらいこすり合わせる。こすり終えたら、手の平の感覚を味わう。

③飛ぶ鷲（噴水）：そのまま両手を合わせた状態で、正中線を通って、息を吸いながら上に上げる。頭上で両手を開き（手の平を耳と同じ面に向けるように）、息

開合（坐式）

①

②

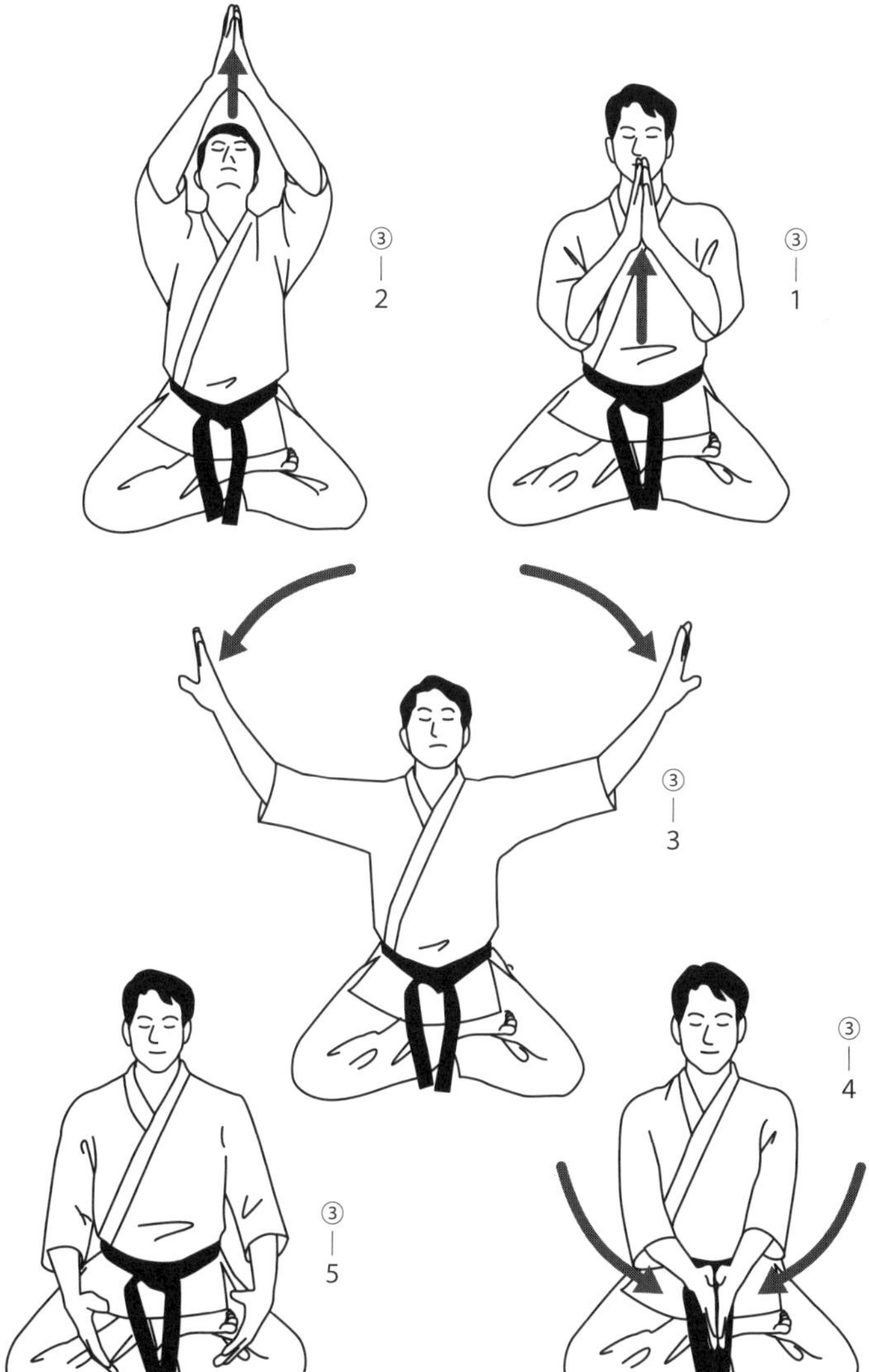
③—1
③—2
③—3
③—4
③—5

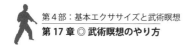

を吐きながら、外側へ大きく円を描くように手を下げていき、再びお腹の前で両手を合わせる。これを3回繰り返す。3回終わったら、お腹の前に大きなスイカを抱えるようなかたちで站樁に入る。3~5回腹式で呼吸を繰り返す。

④肩の高さに両腕を上げる。このとき、お腹の前にあったときの両腕と肩の高さにしたときの両腕の感覚の違いを味わう。

⑤開合（腕）：息を吸いながら、腕全体を開き、息を吐きながら合わせる。手の平で呼吸するように、そして、呼吸した息は下丹田まで行き来するように、イメージする。息を吸ったら身体全体が膨らむように、吐いたら身体全体が萎むようにする。これを3回繰り返す。3回終わったら、両手で頭の大きさぐらいのボールを挟んで持っているようなかたちにする。

⑥開合（孫式太極気功：横）：そのボールを自分の身体の方に寄せて、胸の前に持ってくる。指先を上に向ける。息を吸いながら、そのボールが膨らむように、両手の距離を広げる。息を吐きながら両手の距離を縮める。息を吸うとともに身体が膨らみ、吐くとともに元に戻るようにする。手の平から息が出たり入ったりするようにイメージする。また、両手の間のボールが膨

④

⑤-1

⑤-2

⑤-3

⑥-1

⑥-2

らんだり縮んだりするところをイメージしつつ、その圧力を感じるようにする。これを3回繰り返す。

⑦開合（孫式太極気功：縦）：次に、そのボールをこね回して、左手が上に、右手が下になって、両手で挟むように胸の前で持つ。息を吸うとともに、ボールが膨らむように、両手の距離を広げる。息を吐きながらボールが縮むように、両手の距離を縮める。その他の要領は⑥と同じである。左手が上で3回行ったら、ボールをこね回して、右手が上で3回行う。終わったら、胸の前で指先を上にして両手でボールを挟んでいるかたちにする。

⑧ボールを挟んだまま、両腕を前方に出す。そこから一度、腕の開合をする。腕を合わせたらそのまま站椿に入る。まるで大きなバランスボースを抱えているかのように、そのバランスボールに身を預けるかのように、イメージする。3〜5回腹式で呼吸を繰り返す。

⑦—1

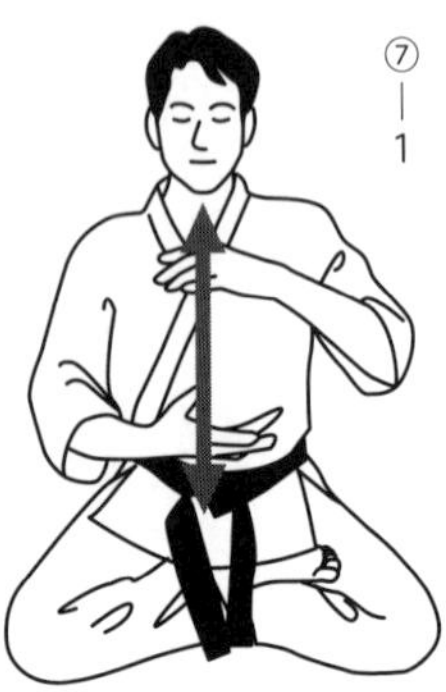

⑦—2

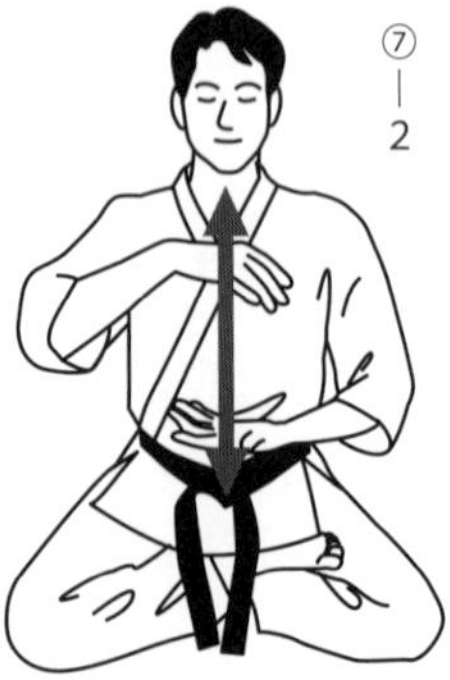

⑦—3

⑧-1

⑧-3

⑧-2

⑧-4

⑨—1

⑨—2

⑨—3

⑨—4

⑨—5

⑨—6

⑨両腕を前方に伸ばし、再び、頭の大きさぐらいのボールを両手で挟んでいるかたちにする。このボール（気の塊）を頭の上からかぶるイメージで、息を吸いながら両腕を頭上に持っていき、息を吐きながら両手を身体に沿って下ろしていく。手は身体に触れない。お腹（下丹田）の前で一旦両手を返して息を吸い、息を吐きながら脚（下半身）へと気を流していくイメージで、両手で脚をなぞっていく。手は脚に触れない。
⑩呼吸を調えながら、余韻を味わう。
⑪瞑想を終えて元に戻るときは、急に動こうとしない。まずは両手を握ったり開いたり、肘を曲げたり伸ばしたり、首を回したりして、徐々に動くようにする（消去動作）。

●身・息・心をつなぐ瞑想 ― 起勢

起勢（Qi Shi）とは、楊式太極拳の最初の動作です。体側に下げている両腕を、手の平を下にして、両肩辺りまで上げ、再び下げます。このとき、息を吸いながら両腕を上げ、息を吐きながら両腕を下げます。ただそれだけです。楊式太極拳の套路では、この後そのまま次の動作に入っていくわけですが、私の武術瞑想では、この上げ下げの動作をひたすら繰り返します。

狙いは、身体の動作と呼吸とをシンクロさせ、そこに意識を向けていくことで、身体と呼吸と精神を一つにしていくことです。まさに「一（Oneness）」です。意識は、腕の上げ下げに向けていても、また、呼吸に向けていても構いません。いずれにせよ、動作と呼吸はシンクロしてきますので、どちらに向けていようがどちらにも向けている状態になっていきます。そうして意識（精神、心）を身体（動作）と呼吸に向けているうちに、自分自身が身体と呼吸そのものになっていきます。そうして、身体と呼吸そのものになりきることを狙っています。

これがこの起勢の狙いであり、ひいては、太極拳の狙いです。太極拳とは極めて合理的な武術ですが、それはそのまま身体と呼吸と精神が一になるための瞑想なのです。つまり、この起勢という最初の動作が、太極拳の真髄をそのまま表していると言っても過言ではありません。ここに、太極拳の奥義があります。ですから、太極拳の瞑想としての用法を太極拳的色合いを削がずに求めていけば、究極的にはこの起勢に至ると、私は考えています。

やり方としては、立式でも坐式でも構いません。立式の場合は、息を吐いて腕を下げるときに同時にファンソンをして腰と膝を緩め、身体全体を沈める（静める）感じにします。反対に息を吸って腕を上げるときは相対的にややフワリと浮き上がる感じで良いでしょう。坐式の場合は、開合と同じ要領で坐ります。結跏趺坐でも半跏趺坐でも胡座でも、あるいは椅子に坐っても、とにかく、安定して坐れれば何でも良いです。立式と同じように、息を吸うときは身体に気（息）が入りフワッと全体が軽くなり、息を吐くときは落ち着いて（calm down）沈み込んでいく（sink down)、そんな感覚で動かします。

呼吸は、開合のときと同じように、手の平でもってするようにします。手の平の労宮というツボから、腕と胴体を通って息が丹田へと届き、丹田から息が胴体と腕を通って、労宮から出て行きます。こうして、身体全体で呼吸をする要領で、腕を上下させます。手の平は、身体で顔の次に敏感な感覚センサーですから、その手の平で空気を感じながら、柔らかく、上下させます。

動作と呼吸をシンクロさせますが、それを心で観察しているうちに、次第に動作と呼吸のリズムがゆっくりとなってきます。普段私たちは1分間に6〜7回呼吸しますが、起勢のエクササイズを何週間何カ月と続けていけば、毎回エクササイズを開始してほどなく1分間に3〜4回ぐらいのペースに減ります。瞑想としては、呼吸はこのようになるべくゆっくり行うのが良いわけですが、ただ意図的に「ゆっくり呼吸しよう」と思うと、実際、うまくいきません。ゆっくりしようと思うと、無理にコントロールすることになって、全然ゆっくりとならないどころか、逆に硬くなって緊張して、呼吸が不自然になり息苦しくなることもあります。

そうではなく、ただ観察しているだけで良いのです。ただ観察していると、呼吸は勝手に次第にゆっくりとなります。呼吸は吸いと吐きからなっていますが、ゆっくり観察していれば、吸いでも吐きでもない「間」があることが分かります。この、あたかも呼吸が止まっているかのような「間」もじっくり味わいましょう。この「間」のときも、動きは決して止めずに、ゆっくり動き続けます。

こうして動作に合わせた呼吸を味わっていると、ふとあるとき、自分の呼吸がゆっくりとなっていることに気がつきます。しかし、そこで喜び勇んでそれを維持しようとして、呼吸を意図的にコントロールしようとしてはいけません。そうやって意識してしまって、「こうしよう」「ああしよう」と強為でもって意志的に制御しようとすると、身体は強ばってしまいます。そうではなく、云為でもってあるがままにある呼吸をあるがままに観察することが大切です。それがマインドフルネスです。

腕の上げ下げは、なるべく柔らかく行います。リラックスして、優しく柔らかく動きます。まるで腕がタコの腕のように、まるで手の平が羽毛のように、まるで無重力空間にいるかのように、手の平で空気を感じながら、無駄な力を入れずにゆっくり動かします。特に、フワリと腕を下げ、息を吐いたときに、心が落ち着いて沈み込んでいく方を重視します。息を吐くときには副交感神経が優位になりますから、気持ちも落ち着いてリラックスします。これを実際の動作とともに行うので、より落ち着くイメージを持ちやすくなります。

私たちは普段つい、ああでもないこうでもないとあれこれ頭で考えます。これは頭に血が上ってのぼせているような状態です。実際、脳の活動には大量の血液が必要であり（脳は、全身の血液の15％を使っています）、活発に活動すればそれだけ血流量も増えます。この血液の流れをエナジーの流れだと考えれば、起勢の動作と呼吸は、その反対の動作、つまり、頭（脳）の方に上がっているエナジーを丹田の方に持っていき、脳を静める動作になっています。

自分の呼吸のペースに合わせて腕の上げ下げという動作を柔らかく行います。吸気と呼気と、また、両者の「間」も含めて、動作をそれに合わせていきます。そこに意識を向け続けることで、やがて身体と呼吸と精神が一体化します。実際、ただそれだけです。これが起勢の狙いです。

「起勢」（坐式）のやり方

①結跏趺坐や半跏趺坐、もしくは胡座など、各自で安定したかたちで坐る。尻の下には坐蒲などを敷き、坐る姿勢を安定させると良い。目は閉じても閉じなくても良い。

②両腕を、肩の前辺りの、組んだ脚（太股）の上辺り

起勢（坐式）

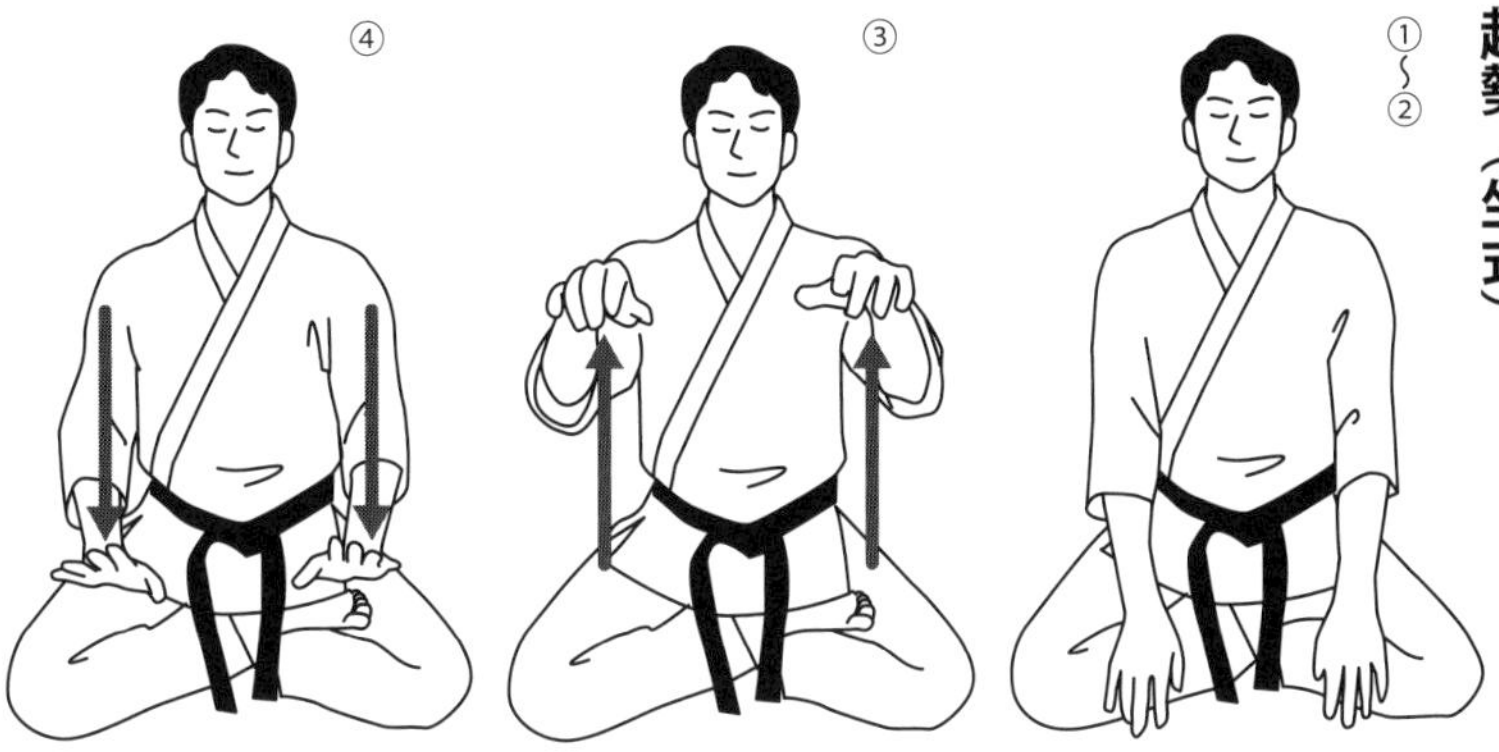

に、力を抜いてダラリと置く。
③息を吸いながら、手の平を下に向けたまま、両腕を肩の高さまで上げていく。
④息を吐きながら、手の平を下に向けたまま、両腕を下げていく。脚には触れない。
⑤③と④をひたすら繰り返す。
⑥やりきったと思ったところで、ゆっくりと腕を下げていき、②の位置に戻す。時間をタイマーで計っても良い。最初は1~2分から始める。1分でも3分でも5分でも、続けられる範囲で、自分がちょうど良いと思える時間で良い。
⑦呼吸を調えながら、余韻を味わう。
⑧瞑想を終えて元に戻るときは、急に動こうとしない。まずは両手を握ったり開いたり、肘を曲げたり伸ばしたり、首を回したりして、徐々に動くようにする（消去動作）。

おわりに ― 形から離れる

◉有形から無形へ

スティーブが以前、稽古の終わりに、師であるパン先生のＤＶＤを見せてくれたことがありました。伝統的な楊式の套路の柔らかさもさることながら、圧巻だったのが、即興の演武でした。その動画は、「生命之舞（dance of life）」と題してありました。パン先生に関するウェブサイトのタイトルにも、a dance of spiritual life（スピリチュアルな命の舞）と書かれています。

即興の演武とはどういうことかと言いますと、これはいわゆる、コンテンポラリーダンスと呼ばれる現代舞踏芸術の一種とも見ることができます。スティーブに詳しく聞いたところ、その場で身体の赴くままに自由に演武をするそうで、内容は毎回違うと言っていました。そして、もし続けようと思えば延々と続けられるということでした。

スティーブはパン先生から太極拳を教わりましたが、パン先生自身は太極拳・八卦掌・形意拳を学んでいて、それらがパン先生の中でミックスされて、演武となって溢れてくるわけです。その溢れるがままに、舞います。それは、パン先生「が」舞っているというよりは、パン先生の中にある内家拳的エナジーがパン先生「を」舞わせているかのようにも見えました。つまり、パン先生という身体を通して、内家拳というエナジー（気）が形を得たかのようでした。こうして、内側から溢れてくるには、溢れてくるほど身体を練り込んできた、ということの証左です。パン先生の「意思」のようなものは、微塵も感じられませんでした。

太極拳には、伝統的な套路があります。スティーブも、普段、教えるときはこの、伝統的な套路に沿って、順番に身体を動かします。生徒はそれに合わせて、身体を動かします。ただ、一度、私が「空手に比べて太極拳の套路は長いので、なかなか覚えきれない」ということを話したら、スティーブは、「究極的には、套路そのものはどうでも良い。重要なのはその動きの持つ本質だ」ということを言っていました。

パン先生の即興演武は、伝統的な套路（形）という制限（束縛、規定、形式、枠組み）から解き放たれて、武術の持つその動きの本質と一体化し、身体化したものです。それは、もうすでに形のようで形ではありません。かたちがあってかたちがありません。一つ一つの動きを取り出せば、それは太極拳であり、八卦掌であり、形意拳なのですが、その全体は太極拳や八卦掌や形意拳の伝統的な套路とは全く違います。動きの順番も、毎回決まっていません。練りに練り込んだ形が基本にあるけれども、伝統的な套路には沿っていません。有形ですが無形です。それは、内家拳という抽象的な術であるとともに、それと一体化したパン先生そのものでもあります。まさに、パン先生の魂（スピリット）そのものです。

このように、パン先生が伝統的な形を練り込んでいった先に辿り着いたところは、非伝統的な無形でした。そして、ブルース・リーの創始したいわゆる「ジークンドー（截拳道、Jeet Kune Do; JKD）」は、あらゆる武術を統合した一つの究極的な姿であり、その基本理念は無形です。また、こちらも中国武術の一つの究極である王向斉の創始した「意拳」も同じく、形（套路）がありません。

◉術（アート）は無形に至る

スティーブは、パン先生のことを評して盛んに「He is genuine」（彼は本物だ）と言います。彼はまさに天才的なマーシャル・アーティストだと、繰り返し言っていました。そして、突き詰めれば、形（固定した動きの順番）など本当はどうでも良く、太極拳の本質とは何かを捉えていることが重要であり、その幹さえしっかり理解していれば、動き方や動きの順番というのは枝葉だ、ということでした。

武術というアートは、究極的には、そこに行き着くのだと思います。いや、アートと呼ばれるもののすべては、いずれそこに行き着くのでしょう。自然に、云為に、身体が身体のままに動くというところに、行き着くのでしょう。

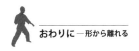

ただ、その道程において、形は必要不可欠です。かの芸術家パブロ・ピカソも、あの自由な画風に至る前には、伝統的な画法を徹底的に学んだことは有名です。形には、古の達人たちが長い歴史の中で熟成して編み上げた身体操法が詰まっています。ですから、形こそにその武術の本質が刻まれていることもまた事実です。したがって、無形を気取って、早々に、形をおろそかにしてはいけません。それは本末転倒であり、大いなる勘違いです。修行の終着点は、そんなに近い（低い）ところにはありません。

まずは徹底的にひたすら、形を練ることです。そうして徹底的に練っていった先に、気がつけば、無形の境地へと至るのだろうと思います。私自身は未だその道中にあり、果たしてどういう世界、どういう感覚がそこに開かれているのか、まだまだ未知な部分の方が多いですが、それを探しに日々精進するのが「武の旅」であり、稽古の醍醐味でもあります。

◉守破離の段階について

芸道の世界でしばしば言われる言葉に、「守破離」というものがあります。まずは伝統的な形（流派）を正しく習い（＝守）、やがてそれに自らの工夫を加えつつ修行し（＝破）、最後にはその形（流派）から自由になる（＝離）、という考えです。

この「離」こそが術を習うことの最終段階だとされますが、このことを急いてはいけません。まずは正しく形を習うこと、形を徹底的にひたすら練り込むことです。この中で、自分なりの創意工夫を凝らしながら、稽古を積み上げていきます。おそらく、私たちが意識的・意図的にできる段階はここまでではないかと思います。

というのも、おそらく、そうして意識的に形を学び（＝守）、創意工夫をして練り込んでいると（＝破）、いつの日か自然に、形から自由になっている（＝離）のではないかと考えられるからです。「離」は、ですから、意識的・意図的にするものではないのです。

◉エナジーに任せてただ動く

そうは言いつつ、この「形から離れる」という境地について考えてみれば、それは極めて瞑想的なのではないかと思います。つ

守	形を学ぶ	意図的・意識的に行う
破	創意工夫をして練り込む	
離	形から自由になる	意図的・意識的ではない

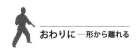

まり、それは、自己の身体感覚にのみ従って動いているような状態なのではないかと考えられます。ただし、気づきを失ってはいけません。気づきのない状態は、いわゆるフローです。マインドフルネスはフローではありません。常に気づきを伴うのが、マインドフルネス瞑想です。

この、瞑想という営みに、正解不正解はありません。その人が、その人のあるがままにあることを、ありありと自覚し観察することが瞑想です。そこにあることを気づき、ただあり続けることが瞑想であり、そのあり方というのは、各人各様です。ですから、正解はありません。あなたがあなたとしてあなたであることを、気づきをもって観察することが、瞑想です。

そして、この、武術における「離」にも、正解不正解はありません。形から離れるわけですから、各人各様の動きがあり、個人ごとに大きな誤差（個人差）があります。そこでは、自身の身体の声を傾聴し、それに従ってただ動くのみです。形にこだわらず、形を忘れ、ただ動く。それは自然な身体のエナジーの流れに身を任せるかのごとくです。こうして形という枠から放たれ、あるがままにあることをありありと感じつつ身体を練っていきます。

◉武術に基づく哲学的成長へ

本書で提案した空手稽古メソッドは、マインドフルネス瞑想としての稽古です。伝統的な形を練る中で、呼吸と身体に注意を向け、分析的に身体を観察します。こうして、形を練り込み深めていきながら、形を味わいます。それは、感じる空手であり、味わう空手です。

その過程で、感じ方・味わい方に、様々な創意工夫を加えていきます。ときにゆっくり動き、ときに素早く動き、その味わいの違いを観察します。ときに目を閉じて練ってみることで、味わいの違いを感じられるはずです。またあるときは、プールの中など水の中で形を練ってみるのも良いかもしれません。そうして、一つの形を、様々に工夫しながら練ることで、味わいが深まり、やがて形の練度も自ずと深まっていきます。

そうしてただひたすらに呼吸と身体に意識を向けながら形を練り続けるその稽古は、まさに瞑想的です。今ここの身体へと気づき、価値判断せずに、注意を向け続けることがマインドフルネスですから、まさにマインドフルネス瞑想そのものです。

この、感じる空手、味わう空手こそが、40歳を過ぎてから行う「大人の空手」です。そうして「守」と「破」でもって練り続けていくうちに、いつの間にかやがて、「離」の境地へと至るでしょう。それこそ、あらゆる価値や評価からも解き放たれた、自由自在な境地です。すなわち、そここそ、禅であり、タオです。

空手は、武術であることはもちろん、同時に、禅的境地へと至る優れた手段であり、さらにタオへとつながっていきます。禅やタオへ至るためには、そのことに自覚的に稽古をすることが必要です。本書は、その意識を促すことを目指したものでした。それは決して、頭でっかちに考えながら空手をしろ、ということではありません。マインドフルネス瞑想は、感じる訓練です。常に感じ続けるための訓練です。ですから、考えるのではなく、感じながら空手をしましょう、ということです。それはまさに、ブルース・リーのかの有名な言葉の通りです。

Don't think, feel. 感じることでやがて自由が訪れます。それは武術という道を通して至る境地であり、武術に基づいた哲学的成長、スピリチュアルな成長と言えるでしょう。武術とはそういう可能性を秘めたものであり、それを自覚して稽古する者が「武道家」というものです。もし本書を読んで、これに同意していただけたならば、あなたこそ本当の意味での「武道家」です。それは、言い換えれば「大人の稽古」をする「大人の武術家」であり「大人の空手家」です。

競技を志向しない「大人の武術家」「大人の空手家」が、一人でも多く増えることを、そして、そうしたあり方こそが本当の意味での「武道家」であることを、一人でも多くの人に賛同していただけることをささやかながら願いつつ、ここに筆を置きます。

著者　湯川進太郎

著者◎湯川進太郎　Shintaro Yukawa

筑波大学人間系准教授・博士（心理学）、専門は身体心理学、感情心理学。空手道糸東流六段（正修館小林道場）、太極拳家。つくば心身技法研究会主宰、日本マインドフルネス学会会員。主な著書・訳書に、『空手と禅』『水のごとくあれ!』（BAB ジャパン）、『タオ・ストレス低減法』（北大路書房）など。

◎ブログ「湯川ポテンシャル。」
http://yukawa-potential.blogspot.com/

本文イラスト ● 月山きらら
装丁デザイン ● 梅村昇史

身・息・心を調え、戦わずして勝つ!
空手と太極拳でマインドフルネス

2017年1月25日　初版第1刷発行

著　者　　湯川進太郎
発行者　　東口敏郎
発行所　　株式会社 BAB ジャパン
〒151-0073 東京都渋谷区笹塚 1-30-11　4・5F
TEL　03-3469-0135　　FAX　03-3469-0162
URL　http://www.bab.co.jp/
E-mail　shop@bab.co.jp
郵便振替 00140-7-116767
印刷・製本　　株式会社暁印刷

ISBN978-4-8142-0028-3 C2075

Magazine

武道・武術の秘伝に迫る本物を求める入門者、稽古者、研究者のための専門誌

月刊 秘伝

古の時代より伝わる「身体の叡智」を今に伝える、最古で最新の武道・武術専門誌。柔術、剣術、居合、武器術をはじめ、合気武道、剣道、柔道、空手などの現代武道、さらには世界の古武術から護身術、療術にいたるまで、多彩な身体技法と身体情報を網羅。現代科学も舌を巻く「活殺自在」の深淵に迫る。毎月14日発売（月刊誌）

A4 変形判　146 頁　定価：本体 917 円+税
定期購読料11,880円

月刊『秘伝』オフィシャルサイト

古今東西の武道・武術・身体術理を追求する方のための総合情報サイト

WEB 秘伝

http://webhiden.jp

秘伝　検索

武道・武術を始めたい方、上達したい方、そのための情報を知りたい方、健康になりたい、そして強くなりたい方など、身体文化を愛されるすべての方々の様々な要求に応える コンテンツを随時更新していきます!!

秘伝トピックス

WEB秘伝オリジナル記事、写真や動画も交えて武道武術をさらに探求するコーナー。

フォトギャラリー

月刊『秘伝』取材時に撮影した達人の瞬間を写真・動画で公開!

達人・名人・秘伝の師範たち

月刊『秘伝』を彩る達人・名人・秘伝の師範たちのプロフィールを紹介するコーナー。

秘伝アーカイブ

月刊『秘伝』バックナンバーの貴重な記事がWEBで復活。編集部おすすめ記事満載。

道場ガイド

情報募集中！カンタン登録！

全国700以上の道場から、地域別、カテゴリー別、団体別に検索!!

行事ガイド

情報募集中！カンタン登録！

全国津々浦々で開催されている演武会や大会、イベント、セミナー情報を紹介。